Holmes | Korruption

Leslie Holmes

Korruption

Was sie anrichtet und wie wir sie bekämpfen können

Aus dem Englischen übersetzt
von Reiner Buchegger

Reclam

RECLAM TASCHENBUCH Nr. 20475

Umschlaggestaltung: ZERO MEDIA GmbH, München
Umschlagabbildung: gettyimages / erhui1979
Satz: Reclam, Ditzingen
Druck und Bindung: GGP Media GmbH, Pößneck
Printed in Germany 2017
RECLAM ist eine eingetragene Marke der
Philipp Reclam jun. GmbH & Co. KG, Stuttgart
ISBN 978-3-15-020475-7

Auch als E-Book erhältlich

www.reclam.de

MIX
Papier aus verantwortungsvollen Quellen
FSC® C014496

Inhalt

Vorwort 7
1 Was versteht man unter Korruption? 11
2 Warum Korruption ein Problem ist 33
3 Können wir Korruption messen? 55
4 Psychosoziale und kulturelle Erklärungen 77
5 Systembezogene Erklärungen 94
6 Was können Staaten unternehmen? 118
7 Was kann sonst noch getan werden? 141

Literatur 165
Abbildungsverzeichnis 176
Tabellenverzeichnis 177
Register 178

Vorwort

Wenn man heutzutage an einem beliebigen Wochentag in nahezu jedem beliebigen Land irgendeine Zeitung zur Hand nimmt, wird man einen Bericht über einen oder mehrere Korruptionsskandale finden. Nach Erhebungen bei mehr als 24 000 Personen, die gegen Ende der Jahre 2010 und 2011 im Auftrag der BBC in 26 (2010) und 23 (2011) Staaten durchgeführt wurden, war Korruption das von der Öffentlichkeit global am häufigsten diskutierte Thema – noch vor extremer Armut, Arbeitslosigkeit, den steigenden Kosten von Ernährung und Energie, Klimawandel und Terrorismus. Da diese Befragungen zu einer Zeit durchgeführt wurden, als die meisten Länder noch an den Folgen der Globalen Finanzkrise des Jahres 2008 litten, belegen diese Ergebnisse die Bedeutung von Korruption in der Welt von heute. Tatsächlich liefert eine jüngere Erhebung (2013) bei nahezu 70 000 Personen in 69 Ländern, die von WIN/Gallup International durchgeführt wurde, einen zusätzlichen Beweis für diese Behauptung; sie identifizierte Korruption als das Problem Nummer 1 auf der Welt.

Ob in Entwicklungsländern, den Schwellenländern oder in Industriestaaten, immer mehr Bürgern werden die ernsten negativen Effekte von Korruption bewusst, und sie verlangen, dass die Regierungen etwas dagegen unternehmen. Regierungen, welche solche Forderungen außer Acht lassen, gehen ein beträchtliches Risiko ein. So war zum Beispiel der Unmut der Öffentlichkeit über das hohe Ausmaß an wahrgenommener Korruption ebenso ein Hauptgrund für den Sturz des Janukowitsch-Regimes in der Ukraine Anfang 2014 wie für die Massenunruhen in Thailand 2013/2014, die so viele Menschen das Leben kosteten und zur Absetzung der Regierung führten. Man könnte zahllose weitere Beispiele anführen.

Dennoch wurden der internationalen Gemeinschaft erst seit relativ kurzer Zeit – etwa Mitte der 1990er Jahre – die zerstörerischen und potenziell verheerenden Auswirkungen von Korruption voll bewusst. Die Tragweite dieser Problematik veranlasste mich, diese kurze Einführung zu verfassen.

Die wissenschaftliche Beschäftigung mit Korruption kann nicht säuberlich in die Schublade einer einzelnen Disziplin gesteckt werden, und meine kurze Analyse stützt sich auf die Arbeiten von Anthropologen, Historikern, Juristen, Kriminologen, Ökonomen, Politikwissenschaftlern und Soziologen. Das Thema wird heutzutage jedoch so umfassend diskutiert und betrifft so viele Menschen, dass es ein ernsthafter Fehler wäre, lediglich die Arbeiten von Wissenschaftlern zu berücksichtigen; die wichtigen Beiträge von Praktikern in internationalen Organisationen, Nichtregierungsorganisationen und anderswo werden ebenfalls mit einbezogen.

Da ich über Korruption seit etwa drei Jahrzehnten geforscht und gelehrt habe, wäre es unmöglich, allen jenen einzeln zu danken, die zu meinem Verständnis dieses komplexen Phänomens beigetragen haben. Ich möchte jedoch jene mehreren Hundert postgradualen Studierenden hervorheben, die ich in Melbourne, Warschau und Bologna unterrichtet habe, die während vieler Jahre herausfordernde Fragen gestellt und ihre eigenen Erfahrungen mit und ihr Wissen über Korruption mit mir geteilt haben. Ich bin auch den vier anonymen Gutachtern dieses Projekts zu Dank verpflichtet; ohne sie wären in diesem Buch noch mehr Mängel und Flüchtigkeitsfehler, für die selbstverständlich allein ich verantwortlich bin. Ich danke dem Australian Research Council für die beträchtliche finanzielle Förderung, die er mir während fast dreier Jahrzehnte zur Erforschung der vielfältigen Aspekte von Korruption gewährte, sowie Andrea Keegan, Emma Ma und Jenny Nugee von Oxford University Press für all ihre Hilfe, die sie mir bei der Verwirklichung diese Projekts zukommen ließen. Schließlich möchte ich meiner Frau Rebecca für ihre Zuneigung und ständige Unterstützung danken; ihre Toleranz und ihr Verständnis dafür, dass ich viel mehr Zeit in meinem Arbeitszimmer verbringe und viel öfter ins Ausland verreise, als ich sollte, weiß ich in höchstem Maße zu schätzen.

L. H.
August 2014

1 Was versteht man unter Korruption?

Korruption gibt es seit Beginn der Menschheitsgeschichte, und ebenso lange ist sie auch ein Problem. Korruption und allgemeiner moralischer Verfall wurden als die Hauptfaktoren des Niedergangs des Römischen Reichs angesehen, während die Protestantische Reformation zu einem nicht geringen Ausmaß als Antwort auf die verschiedenen Formen der Korruption in der Katholischen Kirche, einschließlich des missbräuchlichen Ablasshandels, entstand.

In seiner herkömmlichen Bedeutung bezieht sich Korruption auf moralische Unreinheit; das Wort selbst stammt von dem lateinischen Ausdruck für »verderben, verunreinigen, missbrauchen oder zerstören«, je nach Zusammenhang. Das Konzept der Korruption hat sich jedoch im Verlauf der Jahrhunderte verändert und variiert auch quer durch die Kulturen. Im weiten Sinn wurde Korruption verwendet, um jede Abweichung von der Norm zu bezeichnen, die als missbräuchlich angesehen wird; in der Vergangenheit, und in Ländern wie dem Iran noch bis heute, bezieht sich das häufig auf religiöse Normen. Eine derartige Verwendung ist im gegenwärtigen Deutsch selten, heutzutage bezieht sich der Ausdruck vor allem auf unkorrektes Verhalten im Zusammenhang mit der eigenen öffentlichen Stellung; das ist auch der Fokus dieses kurzen Buchs. Was jedoch unkorrektes Verhalten oder selbst eine öffentliche Stellung darstellt, ist umstritten; die Diskussionen darüber, was Korruption heute bedeutet, bilden ein Schlüsselelement dieses Kapitels.

Aktuelle Diskussionen über die Definition von Korruption

Ein wesentliches Problem bei den Versuchen, Korruption zu bekämpfen, besteht darin, dass sich die Experten nicht vollständig darüber einigen können, was Korruption ist. An einem Ende des

Spektrums gibt es die weite Interpretation, dass der Begriff Geschmackssache sei – und über Geschmack lässt sich trefflich streiten. Am anderen Ende findet man den juristischen Zugang, nach dem eine Handlung oder Unterlassung nur dann korrupt ist, wenn sie als solche explizit im Gesetz bestimmt ist.

Das begriffliche Durcheinander kann an zwei aussagekräftigen Beispielen demonstriert werden. Erstens gibt es in der von den Vereinten Nationen selbst als »das einzige weltweit rechtlich bindende Anti-Korruptions-Instrument« bezeichneten United Nations Convention Against Corruption (Übereinkommen der Vereinten Nationen gegen Korruption, UNCAC) keine Definition von Korruption. Das liegt vor allem daran, dass sich die Initiatoren von UNCAC auf keine Definition einigen konnten. Zweitens hat die weltweit führende Internationale Nichtregierungsorganisation gegen Korruption, Transparency International (TI), während des Großteils des letzten Jahrhunderts *zwei* Definitionen verwendet – und stiftet damit Verwirrung. Für ihre bekannteste Veröffentlichung, den jährlichen Corruption Perceptions Index (Korruptionswahrnehmungsindex, CPI), kurz auch Korruptionsindex genannt, verwendete sie bis zum Jahr 2012 die auch heute noch am häufigsten zitierte Definition: »der Missbrauch eines öffentlichen Amtes zur persönlichen Bereicherung«. Diese Definition ist ähnlich oder sogar identisch mit der von vielen anderen Institutionen, wie zum Beispiel der Weltbank, verwendeten. In jedem anderen Zusammenhang hingegen definiert TI Korruption als »den Missbrauch einer anvertrauten Machtbefugnis zur persönlichen Bereicherung«. Der Hauptunterschied zwischen beiden Definitionen besteht darin, dass bei der ersten ein öffentlich Bediensteter involviert sein muss, während die zweite – die auch von Interpol favorisiert wird – umfassender ist und auch böswilliges Verhalten zum Beispiel von leitenden Angestellten privater Unternehmen einschließt, ja sogar Korruption innerhalb des privaten Sektors (B2B oder Business-to-Business – siehe Abbildung 1). Seit 2012

1 B2B: Manche bevorzugen eine weite Definition von Korruption

hat TI Korruption für ihren CPI nicht mehr definiert (obwohl er laut Text des CPI 2013 »das wahrgenommene Ausmaß an Korruption im öffentlichen Sektor misst«), was die allgemeine Verwirrung widerspiegelt.

Leider ist sogar die erste – eng gefasste – Definition Gegenstand unterschiedlicher Interpretationen. Ist der »Missbrauch eines öffentlichen Amtes« im Wesentlichen auf *ökonomisches* Fehlverhalten – bisweilen als »moderne« Korruption bezeichnet – beschränkt, wie Unterschlagung oder die Annahme von Schmiergeldern? Oder umfasst sie auch, was manchmal als *gesellschaftliches* Fehlverhalten – oder »traditionelle« Korruption – bezeichnet wird, nämlich die Berufung von Mitgliedern der eigenen Familie (Nepotismus) oder von Freunden und Kollegen

(Vetternwirtschaft) in öffentliche Ämter, obwohl sie nicht die für die jeweilige Position am besten qualifizierten Personen sind? Haben politische Parteien, vor allem solche, die nicht in der gesetzgebenden Körperschaft vertreten sind, öffentliche Ämter inne – und wenn nicht, können sie dann der Korruption in diesem engen Sinn beschuldigt werden?

Ein weiteres Problem mit dem Begriff »öffentliches Amt« hat in den letzten Jahrzehnten an Bedeutung gewonnen, seitdem sich der Neoliberalismus über den Globus ausgebreitet hat. Neoliberalismus ist eine Ideologie, die für eine Verringerung der Rolle des Staates und eine erweiterte Rolle des Marktes eintritt. Eines seiner Schlüsselmerkmale ist, dass er die Begriffe »öffentlich« und »privat« verschwimmen lässt. Viele Länder lagern Aufgaben aus, die sie bisher selbst ausführten, die jedoch von der Allgemeinheit noch immer in der Verantwortung des Staates gesehen werden. So wurden zum Beispiel früher Gefängnisse fast ausschließlich vom Staat betrieben, wohingegen heutzutage eine steigende Anzahl durch private Unternehmen im Auftrag des Staates betrieben wird. Wenn ein/e von einem privaten Unternehmen beschäftigte/r Gefängniswächter/in Bestechungsgelder annimmt, um Drogen für die Insassen ins Gefängnis zu schmuggeln, ist sie/er nach der engen Definition korrupt? Übt so eine Person ein *privates* oder ein *öffentliches* Amt aus? Wenn die Allgemeinheit eine bestimmte Tätigkeit letztlich in der Verantwortung des Staates sieht, so ist nach unserer Auffassung jemand korrupt, der diese Tätigkeit zu seinem persönlichen Vorteil oder zu dem einer Gruppe missbraucht.

Der Begriff »persönliche Bereicherung« ist ebenfalls weit davon entfernt, eindeutig zu sein. Es besteht allgemeine Übereinstimmung darüber, dass ein Beamter korrupt ist, wenn er Schmiergelder zur persönlichen Bereicherung annimmt. Was bedeutet es aber, wenn Funktionsträger politischer Parteien fragwürdige Spenden für ihre Organisation annehmen, jedoch anscheinend keinen unmittelbaren *persönlichen* Nutzen daraus ziehen? Das ist ein weniger eindeutiges Beispiel als das erste, und es ist auch Gegenstand unterschiedlicher Auffassungen.

Es sollte inzwischen klar geworden sein, dass es häufig sehr gute Gründe für Unterschiede gibt, sowohl in der Definition von Korruption im Allgemeinen als auch in der Beurteilung, ob eine bestimmte Handlung oder das Fehlen einer Handlung (eine Unterlassung) Korruption darstellt. Wir können nun die Gründe für diese Unterschiede untersuchen.

Gründe für unterschiedliche Auffassungen von Korruption

Ein Grund für unterschiedliche Interpretationen von Korruption ist Kultur. In diesem Zusammenhang kann Kultur als die vorherrschenden Überzeugungen, die Einstellungen und das Verhalten einer gegebenen Gesellschaft definiert werden, die sich etwa auf ihre Hauptreligion beziehen können und darauf, ob das Land eine Kolonie oder eine Kolonialmacht war oder nicht. Kurz gesagt, Kultur wird sehr stark durch Tradition und Geschichte geprägt.

Ein Beispiel für eine kulturelle Interpretation der unterschiedlichen Zugänge zu Korruption besteht darin, dass das, was wir vorher als »ökonomische« oder »moderne« Korruption beschrieben haben, »westliche« Korruption genannt wird, während »gesellschaftliche« oder »traditionelle« Korruption als »asiatisch« bezeichnet wird. Wie mit so vielen Begriffen in den Sozialwissenschaften gibt es auch mit diesen beiden Probleme, sie können sehr irreführend sein. So wird manchmal behauptet, dass Begünstigung und Vetternwirtschaft für asiatische Gesellschaften typisch seien, wo sie – angeblich – nicht als eine Form der Korruption verstanden werden. Diese Behauptung weist mindestens zwei große Probleme auf.

Erstens variieren die vorherrschenden Auffassungen, ob Begünstigung und Vetternwirtschaft Korruption darstellen, je nachdem, wo in Asien man sich befindet; sie sind zum Beispiel in Singapur nicht dasselbe wie in Kambodscha. Auch »im Westen« unterscheiden sich die Ansichten darüber. Während die meisten anglophonen und nordischen Korruptionsexperten die Auffassung vertreten, dass Vetternwirtschaft eine Form der Korruption darstellt, weisen das die meisten italienischen Experten zurück. In der Tat zeigen Umfragen in verschiedenen Ländern, dass sogar der Begriff »vorherrschende Auffassung«, was Korruption darstellt, häufig irreführend ist. In den späten 1990er und frühen 2000er Jahren führte die Weltbank »diagnostische Erhebungen« in verschiedenen Ländern durch. Sie bestanden aus erfundenen Szenarien, und die Teilnehmer wurden befragt, ob sie diese als Beispiele für Korruption ansahen oder nicht; in vielen Fällen stellte sich heraus, dass die Meinungen der befragten Personen äußerst geteilt waren. Somit ist die Annahme, dass »Russen« und »Briten« ein gemeinsames Verständnis von Korruption haben, durch die Ergebnisse der Erhebungen infrage gestellt. Des Weiteren sollte nicht angenommen werden, dass lediglich wegen der Behauptung eines Regierungssprechers des Landes X »das ist keine Korruption, sondern einfach Teil unserer Kultur« die meisten Bürger dem zustimmen. Wiederum zeigen Umfragen, dass viele Bürger eine bestimmte Handlung *sehr wohl* als korrupt betrachten und sie nicht gutheißen; sie empfinden sich aber als zu ohnmächtig, um sich gegen ihre Eliten zu stellen, die nur deswegen behaupten, dass es Teil ihrer Kultur sei, um ihr eigenes fragwürdiges Verhalten zu rechtfertigen. Das zweite – und umso überzeugendere – Gegenargument ist, dass es hinreichend »traditionelle« Korruption im Westen und keinen Mangel an »moderner« Korruption in Asien gibt.

Wir können uns nun einem Beispiel widmen, in dem häufig ein kultureller Unterschied zwischen vier Ländern hinsichtlich ihrer Einstellungen zu persönlichen Verbindungen gesehen wird. Die untersuchten Begriffe sind das russische Konzept *blat*, das chinesische Konzept *guanxi*, das ursprünglich amerikanische (obwohl inzwischen zunehmend globalisierte) Konzept des Netzwerkens und das britische – hauptsächlich englische – Konzept von »Seilschaften« (»old school tie«).

Der russische Begriff hat seine Bedeutung in jüngerer Zeit geändert, in Zeiten der Sowjetunion bezog er sich hingegen auf informelle Übereinkommen zwischen Personen, um einander durch nicht-monetären Tausch zu unterstützen; das kommt dem Konzept eines Naturaltauschs sehr nahe und war ein Mechanismus, um in einem System mit weitverbreiteter Knappheit sowohl an Gebrauchs- als auch an Verbrauchsgütern zurechtzukommen. Es konnte also etwa ein Bauer mit einem Elektriker übereinkommen, ihn als Gegenleistung für die Neuverlegung von Kabeln in seinem alten Bauernhaus zwei Jahre lang mit Eiern und Hühnern zu versorgen. Während Naturaltausch bloß eine Form des Handels zwischen Personen darstellt, beinhaltet *blat* den Aufbau von persönlichen Beziehungen, insbesondere Vertrauen, und ein Gefühl der Gegenseitigkeit zwischen den Beteiligten.

Das chinesische Konzept *guanxi* bezieht sich ebenfalls auf Beziehungen, die sich zwischen Individuen oder Gruppen entwickeln und die möglicherweise langfristige wechselseitige Verpflichtungen umfassen – Gegenseitigkeit. Ich könnte entweder eine Freundschaft oder eine geschäftliche Beziehung mit einer chinesischen Person aufbauen, der ich in irgendeiner Form helfe. Diese Person fühlt sich dann verpflichtet, sich in der Zukunft für die Gefälligkeit zu revanchieren, vielleicht erst viele Jahre später. Aber sie wird nicht vergessen, dass sie mir eine Gefälligkeit schuldet.

Die zunehmend beliebte Idee des Netzwerkens besteht im Aufbau von informellen Bindungen mit der Absicht, dass sie den Beteiligten Vorteile bringen. Wenn ich die Nähe zu jemandem suche, den ich bei einer Unternehmertagung oder bei einer wissenschaftlichen Konferenz treffe, und dabei letztlich die Absicht verfolge, diesen Kontakt zu meinem Vorteil zu nutzen, dann versuche ich, diese Person eher auf der Grundlage einer (möglicherweise schwach entwickelten) Beziehung als lediglich mit meinen Qualifikationen zu beeinflussen. Während das wahrscheinlich die von allen vier Typen am wenigsten kritisierte Form der hier analysierten informellen Beziehungen ist, so kann man es dennoch als eine Spielart der Korruption ansehen, wenn man eine sehr weit gefasste Definition dieses Begriffs zugrunde legt.

Während viele die Ansicht zurückweisen würden, dass Netzwerken irgendetwas mit Korruption gemein hat, wird das britische Konzept der »Seilschaften« weithin kritisiert. Menschen, die einander nicht einmal begegnet sein mögen, begünstigen einander lediglich aus dem Grund, dass sie eine der Eliteschulen im Vereinigten Königreich besucht haben. So besuchten etwa A, B und C eine der führenden Privatschulen (d. h. eine der besten Eliteschulen). C ist auf Arbeitssuche und ist mit B befreundet, der seinerseits A – der C überhaupt nicht kennt – dazu rät, C eine Stelle anzubieten, obwohl C nicht die für diese Stelle am besten qualifizierte Person ist. Von den vier angeführten informellen Beziehungen ist das Konzept der »Seilschaft« die am stärksten ausschließende; wenn ich als Jugendlicher keine der Eliteschulen besucht habe, dann gibt es für mich keine Möglichkeit, in diese Insider-Gruppe einzudringen. Das ist ein wichtiger Unterschied zwischen den ersten drei Formen der Beziehungen und dieser letzten, die am deutlichsten als eine Form der Korruption eingestuft werden kann.

Der wichtigste bei diesen vier Spielarten informeller Bindungen festzuhaltende Punkt ist der, dass sie – obwohl jede anders und kulturell bedingt ist – Gemeinsamkeiten aufweisen. Alle vier führen zur Entstehung von Insidern und Außenseitern, mit Privilegien für die Insider. Alle vier werden von einigen Mitgliedern der Gesellschaft als korrupt gesehen, wiewohl ein wesentlich höherer Anteil an Briten »Seilschaften« als missbräuchlich betrachten würde, als Chinesen *guanxi* kritisieren oder Amerikaner das Netzwerken infrage stellen würden. Kurz gesagt, kulturelle Unterschiede bestehen, sie werden jedoch häufig übertrieben.

Wenn die enge Definition von Korruption herangezogen wird, dann würde selbstverständlich keine der vier Varianten Korruption darstellen, außer es wäre ein öffentlich Bediensteter darin verwickelt. Akzeptiert man jedoch die weite Definition von Korruption, dann sind der Beschreibung aller möglichen Beziehungen zwischen Menschen – sogar Freundschaften – als korrupt Tür und Tor geöffnet; das ist einer der Hauptgründe, warum in der vorliegenden Studie der engere Zugang zur Definition der Korruption bevorzugt wird.

Zusätzlich zu kulturellen Faktoren entsteht ein weiteres Problem, weil verschiedene Rechtssysteme mit unterschiedlichen Definitionen von Korruption arbeiten. Während das teilweise mit kulturellen Unterschieden zusammenhängen und daraus erklärt werden kann, so gibt es doch auch andere Gründe. Der hauptsächliche ist der, dass die Lage der Gesetzgebung variiert. Das kann daher rühren, dass die Gesetzgeber von verschiedenen Experten beraten wurden. In offeneren und demokratischen Gesellschaften mag die Gesetzgebung das Ergebnis eines Kompromisses zwischen verschiedenen Gruppen sein, sowohl innerhalb als auch außerhalb des Parlaments, und die spezifische Umsetzung der verschiedenen Interessen ist in jeder Gesellschaft anders. Es ist weniger wahrscheinlich, dass diese Erklärung für autoritäre Regierungsformen passt. Typischerweise sind jedoch solche Systeme korrupter als demokratischere, und die herrschenden Eliten entscheiden sich entweder dafür, keine klare Gesetzgebung gegen Korruption – und somit keine gesetzliche Definition – oder bewusst unklare Gesetze zu haben; sie möchten ihre privilegierte Stellung aufrechterhalten und erlassen lieber keine Gesetze, die zu deren Unterminierung verwendet werden könnten.

Schließlich bevorzugen Experten bisweilen aus methodischen

Gründen enge Definitionen von Korruption. So entschied sich ein führender deutscher Wissenschaftler, Korruption in einer seiner Untersuchungen grundsätzlich als Bestechung zu definieren, da eine begriffliche Fassung auf diese Art einfacher war, als umstrittenere Aspekte, wie gesellschaftliche Korruption, mit einzubeziehen.

Klassifizierungen von Korruption

Bevor wir auf den vorherrschenden Zugang zu Korruption, der in diesem Buch verwendet wird, genauer eingehen, lohnt es, einen Blick darauf zu werfen, auf welche Weise Experten verschiedene Arten von Korruption klassifiziert haben.

In Übereinstimmung mit der Aussage, dass sich die Ansichten der meisten Bürger möglicherweise von jenen der Eliten unterscheiden, traf der Wissenschaftler Arnold Heidenheimer, der häufig als Ahnherr der vergleichenden Korruptionsstudien angesehen wird, eine nützliche Unterscheidung zwischen dem, was er »schwarze«, »weiße« und »graue« Korruption nannte. Auf der Grundlage seiner Erkenntnis, dass Eliten und einfache Bürger manchmal Phänomene auf verschiedene Art und Weise wahrnehmen, definierte Heidenheimer schwarze Korruption als Aktivitäten, die von den meisten Mitgliedern sowohl der Eliten als auch der Massen verurteilt werden und die nach ihrem Willen bestraft werden sollen, während weiße Korruption sich auf Aktivitäten bezieht, die zwar formal als Korruption wahrgenommen, von beiden Gruppen aber mehr oder weniger toleriert werden und bei denen sie auch nicht wollen, dass die Täter bestraft werden. Graue Korruption bezieht sich auf Handlungen, über die Eliten und die breite Öffentlichkeit unterschiedliche Ansichten haben oder über die es ausgeprägte Meinungsverschiedenheiten gibt, einschließlich von Ambivalenzen sogar innerhalb dieser beiden Hauptgruppen.

Eine weitere von Heidenheimer getroffene dreiteilige Unterscheidung besteht zwischen Herangehensweisen an Korruption, die ihren Fokus entweder auf öffentliche Ämter, auf Märkte oder auf das öffentliche Interesse richten. Die erste bezieht sich auf Korruption als ein Verhalten, das von dem abweicht, was von einem öffentlich Bediensteten erwartet wird, und das durch das Streben dieses Bediensteten nach einem missbräuchlichen persönlichen Vorteil erklärbar ist. Marktzentrierte Ansätze interpretieren Korruption als das Verhalten von öffentlich Bediensteten, die ihre Stellung als eine Quelle ihres persönlichen Einkommens oder ihrer persönlichen Geschäftstätigkeit ausnutzen. Was sie anbieten und verlangen können (z. B. wie viel sie als Schmiergeld fordern können), hängt vom Angebot an und der Nachfrage nach den Gütern oder Dienstleistungen ab, die sie anbieten – kurz gesagt, von der Marktsituation. Der Ansatz, der das öffentliche Interesse in den Mittelpunkt stellt, konzentriert sich schließlich auf den Schaden, welcher der Öffentlichkeit durch das missbräuchliche Verhalten des eigennützigen öffentlich Bediensteten zugefügt wird.

Eine dritte häufig getroffene Unterscheidung ist die zwischen »Gras fressender« und »Fleisch fressender« Korruption. Diese Begriffe wurden im Bericht der Knapp Commission aus den frühen 1970er Jahren über Korruption bei der New Yorker Polizei geprägt. Erstere bezieht sich auf Beamte, die Bestechungsgeld annehmen, wenn es ihnen angeboten wird, während sich letztere auf räuberische Korruption bezieht, bei der Beamte tatsächlich Bestechungsgelder einfordern; erstere wird manchmal auch als reaktive Korruption, letztere als proaktive Korruption bezeichnet. Ein verwandter Ansatz ist die Unterscheidung zwischen erpresserischer und geschäftlicher Korruption. Bei erstgenannter übt der Bestechungsempfänger Druck auf jemanden aus, um ein Bestechungsgeld zu erhalten, was im Wesentlichen der »Fleisch fressenden« Korruption gleicht. In letzterem Fall sind die beiden Akteure (Bestechungs- oder Vorteilsnehmer und Bestechungs- oder Vorteilsgeber) eher gleichwertig; beide sind grundsätzlich willige Partner, die eine Abmachung aushandeln.

Eine Unterscheidung, die man in vielen offiziellen Anti-Korruptions-Dokumenten findet, scheint sich auf den ersten Blick auf dieselben Phänomene wie »Gras fressende« und »Fleisch fressende« Korruption zu beziehen, da »passiv« wie eine andere Umschreibung für ersteres und »aktiv« wie ein anderer Ausdruck für letzteres erscheint. Das entspricht jedoch nicht der Verwendung dieser Begriffe. Der erste beschreibt üblicherweise das Angebot einer Bestechung, während der zweite sich auf die Annahme einer Bestechung bezieht. Diese Art der Verwendung ist problematisch, da die Bedeutungen der Begriffe »aktiv« und »passiv« in diesem Zusammenhang nahelegen, dass der Empfänger der Bestechung – ein Beamter – weniger Verantwortung für die missbräuchliche Handlung trägt als der sogenannte Gönner. Somit wäre ein Polizist, der einem Autofahrer vorschlägt, dass eine Bestechung ihm die Verkehrsbuße ersparen würde, nach dieser Klassifikation passiv korrupt, der Autofahrer hingegen wäre aktiv korrupt. Während man argumentieren könnte, dass die Verwendung dieser Begriffe eher akzeptabel ist, wenn sie zum Beispiel auf ein Unternehmen angewendet werden, das auf einen bisher nicht korrupten Einkäufer Druck zur Annahme einer Bestechung ausübt, so ist es jedoch in hohem Maße in jenen Fällen irreführend, in denen ein Beamter Geld von einem Bürger oder einem Unternehmen erpresst. Wenn es darüber hinaus Allgemeingut ist, dass Beamte den Bürgern und auch der Wirtschaft ein Beispiel geben sollten, so wird klar, warum diese Terminologie verwirrend ist.

Eine fünfte Unterscheidung wird zwischen Alltagskorruption (oder Korruption auf niedrigem Niveau) und Großkorruption (Korruption auf hohem Niveau oder elitäre Korruption) getroffen. Erstere betrifft jene Arten von Korruption, denen der einfache Bürger wahrscheinlich im Alltag begegnet – zum Beispiel wenn er Auto fährt oder eine Genehmigung für einen Erweiterungsbau zu seinem Haus beantragt. Großkorruption bezieht sich, wie schon der Name andeutet, auf Korruption auf dem Niveau von Eliten, wie zum Beispiel beim Erlass von Gesetzen durch Politiker, die eine Gruppe bevorzugen, von der sie vorher bestochen wurden, oder wenn eine Ministerin gegen die Empfehlung ihrer Berater oder sogar gegen Vorschriften grünes Licht für ein größeres Vorhaben gibt – wiederum als Gegenleistung für eine Bestechung. Wenn man eine weite Definition von Korruption verwendet (das heißt unter Einbeziehung des eigennützigen Fehlverhaltens, das allein innerhalb des privaten Sektors stattfindet), dann würde sich ein Großteil der Korruption auf dem Niveau von Unternehmen abspielen und wäre damit näher bei der Großkorruption.

Ganz ähnlich hat die Weltbank seit dem Jahr 2000 zwischen »administrativer (oder bürokratischer) Korruption« und dem »gekauften Staat« unterschieden. Letzteres wurde von Joel Hellman und Daniel Kaufmann, die beide damals für die Weltbank arbeiteten, als »*eine Art* der Großkorruption« bezeichnet (Hervorhebung hinzugefügt); gemeinsam mit Geraint Jones (ebenso bei der Weltbank beschäftigt) definierten sie den gekauften Staat im Jahr 2000 als

> »die Gestaltung und Beeinflussung der *Formulierung* der Spielregeln durch Unternehmen mittels verdeckter Zahlungen an Beamte und Politiker« (Hervorhebung hinzugefügt).

Seit der ursprünglichen Prägung dieses Begriffs wurde seine Bedeutung durch andere Forscher ausgeweitet, um zum Beispiel auch missbräuchliche Versuche zur Beeinflussung der Gesetzgebung durch das organisierte Verbrechen zu erfassen. Hellman, Jones und Kaufmann definierten »administrative Korruption« als

»›geringfügige‹ Form der Bestechung im Zusammenhang mit der *Durchführung* von Gesetzen, Regelungen und Vorschriften« (Hervorhebung hinzugefügt).

Auch die Verwendung dieses Begriffs wurde durch viele Forscher erweitert, so dass jede missbräuchliche Handlung oder Unterlassung hinsichtlich der Durchführung von Regelungen als administrative Korruption bezeichnet werden kann.

Ähnlich wie die Begriffe »aktive« und »passive« Korruption hat der Begriff »gekaufter Staat« den Nachteil, dass er so verstanden werden kann, dass diejenigen, welche Bestechungen anbieten, schuldhafter handeln als jene, die sie annehmen. Die Mitarbeiter der Weltbank, die diese Konzepte ursprünglich ins Spiel brachten, betonen, dass dies nicht ihre Absicht sei; ihnen geht es insbesondere um die öffentlich Bediensteten, die diese Schmiergelder annehmen. Die Möglichkeit von Missverständnissen wäre allerdings reduziert worden, wenn ein Begriff eingeführt worden wäre, der sich in erster Linie auf korrupte öffentlich Bedienstete bezieht – wie der »verkaufte Staat« anstelle des »gekauften Staats«.

Eine kompliziertere Kategorisierung als jene der Weltbank wurde von Rasma Karklins entwickelt. Sie fokussiert hauptsächlich die post-kommunistischen Übergangsstaaten Mittel- und Osteuropas – das bedeutet in diesem Zusammenhang den Übergang von einer Form eines autoritären Regimes entweder zu einer Demokratie oder zu einer anderen Form eines autoritären Regierungssystems – und teilt korrupte Handlungen in drei Haupttypen ein, von denen jede noch einmal unterteilt ist: administrative Korruption auf niedrigem Niveau; eigennützige Unterschlagung von Vermögen durch Beamte; korrupte Netzwerke, die den Staat unter ihre Kontrolle bringen (»Staatskauf«). Die Typen eins und drei entsprechen grundsätzlich jenen der Weltbank. Karklins' Typus zwei ist hingegen eine wichtige Ergänzung und ist in jüngerer Zeit in vielen Übergangsstaaten zu finden. So sprechen Kenner der post-kommunistischen Staaten häufig von »Nomenklatura-Privatisierung«. Dabei handelt es sich um ein gängiges Verfahren, in dem die früheren Eliten aus der kommunistischen Ära – die Nomenklatura – sich ethisch fragwürdige Vorteile (z. B. Schmiergelder von den Käufern, direkte eigene Käufe zu Schleuderpreisen) beim Ausverkauf der bisherigen Staatsbetriebe sichern konnten.

Damit zusammenhängende Konzepte

Viele Phänomene überlappen sich mit Korruption oder ähneln ihr. Da das Konzept der Korruption selbst ein umstrittener Begriff ist, der sowohl im engeren als auch im weiteren Sinn verstanden werden kann, ergibt es sich, dass manche zwischen eng verwandten Konzepten unterscheiden, während andere von Varianten der Korruption ausgehen. Die Leser sollten das bei der Einführung zu den folgenden Konzepten, die häufig mit Korruption in Zusammenhang gebracht werden, im Auge behalten.

Bestechung und Korruption

Die Tatsache, dass wir im Deutschen von »Bestechung und Korruption« sprechen, impliziert bereits deren engen Zusammenhang. Wie jedoch aus der bisherigen Diskussion klar wurde, kann Korruption auch in missbräuchlichen Geschäftsbeziehungen bestehen – irgendeine Art von Begünstigung – und muss daher nicht mit Bestechung einhergehen. Außerdem nutzen manche Beamte ihre Stellung, um staatliche Gelder zu veruntreuen; auch das ist eine Form der Korruption ohne Bestechung. Umgekehrt kann sich Bestechung lediglich im privaten Sektor abspielen; während das Korruption im weiteren Sinn darstellt, handelt es sich nicht um Korruption im engeren Sinn.

Schmiergelder und Geschenke

Eines der kompliziertesten Probleme bei der Frage, ob eine bestimmte Handlung Korruption darstellt, ist die Unterscheidung zwischen einem Geschenk und Schmiergeld. In vielen asiatischen Kulturen wird ein Geschenk nicht nur nicht als Bestechung betrachtet, seine Ablehnung oder Behandlung als Schmiergeld kann sogar beleidigend sein. Das ist ein Beispiel für kulturelle Unterschiede; nicht nur die Eliten, sondern auch die meisten Bürger in vielen asiatischen Ländern erachten es als höflich und als Anzeichen von Gastfreundschaft, einem Gast ein Geschenk zu geben. Im Gegensatz dazu haben Europäer Vorbehalte gegenüber der Annahme von Geschenken. Wie so oft, wenn man versucht, geeignete Grenzen für Korruption festzulegen, kann auch dieses Problem nicht in Schwarz-Weiß-Kategorien betrachtet werden. Auch messen in dieser Hinsicht Europäer bisweilen unabsichtlich mit zweierlei Maß; viele Manager, die asiatisches »Schenken« kritisieren oder sich dabei unwohl fühlen, betrachten es als akzeptabel, ihren persönlichen Assistenten zu Weihnachten Geschenke als Anerkennung für deren harte Arbeit und Loyalität während des abgelaufenen Jahres zu geben.

Obwohl es keine allgemeingültige Lösung dieses Problems geben kann, können wir in den meisten Fällen ziemlich klar zwischen einem Geschenk und einer Bestechung unterscheiden, wenn wir eine Liste von sechs Merkmalen heranziehen:

1. *Die Absicht des Gebers.* Erwartet die Person, die ein »Geschenk« anbietet, ausdrücklich oder stillschweigend eine Gegenleistung? Wenn nicht, dann passt der Begriff Schmiergeld – und damit die Möglichkeit von Korruption – nicht.
2. *Die Erwartung des Empfängers.* Glaubt der Empfänger des »Geschenks«, dass von ihm eine Gegenleistung erwartet wird? Wenn nicht, dann ist es eher unwahrscheinlich, dass die Annahme eines Geschenks eine korrupte Handlung darstellt.

3. *Der Zeitpunkt des Schenkens.* Wenn ein Antragsteller – jemand, der zum Beispiel eine Genehmigung zum Bau eines neuen Hochhauses beantragt – dem entsprechenden Beamten ein »Geschenk« anbietet, *bevor* dieser eine Entscheidung getroffen hat, dann stellt das höchstwahrscheinlich eine Bestechung dar. Wenn hingegen das Geschenk *nach* der endgültigen Entscheidung überreicht wird und es vorher keinen Hinweis seitens des Antragstellers gab, dass eine positive Erledigung des Antrags eine Belohnung nach sich ziehen könnte, dann stellt das Geschenk wahrscheinlich keine Bestechung dar.
4. *Der Wert des »Geschenks«.* Offensichtlich macht es einen Unterschied, ob man einer Lehrerin einen Apfel gibt oder ihr einen neuen Mercedes schenkt. Tatsächlich ist das eher ein gradueller als ein qualitativer Unterschied. Eine wachsende Zahl von Ländern und internationalen Organisationen erkennt jedoch, dass die Unterschiede im Ausmaß so groß sind, dass zwischen den beiden Handlungen unterschieden werden sollte. Wo die Linie zu ziehen ist, kann aber sehr problematisch sein; dieser Frage wenden wir uns im 6. Kapitel zu.
5. *Die juristische Sichtweise.* Das ist ein formales Merkmal und erfordert die Überprüfung, was die Gesetze oder Regelungen im jeweiligen Land oder der jeweiligen Organisation verbieten. So ist es zum Beispiel Polizisten in Singapur verboten, Getränke von Schnellimbissen gratis anzunehmen, während es in Teilen von Australien keine entsprechende Regelung gibt. Dieses Merkmal unterscheidet sich von den anderen fünf dadurch, dass man es von dieser Liste entfernen kann, ohne ihre Nützlichkeit zu beeinträchtigen.
6. *Die wahrgenommene gesellschaftliche Akzeptanz der Transaktion.* Im Unterschied zum vorangehenden Merkmal liegt der Schwerpunkt dieses Merkmals auf der informellen Dimension des Problems, nämlich den Meinungen des Großteils der Öffentlichkeit. Es wurde bereits festgestellt, dass

Kulturen unterschiedliche Ansichten darüber haben können, was Korruption darstellt und wie hoch ihr Akzeptanzniveau ist. Eine Möglichkeit, diese Unterschiede zu berücksichtigen, ist, zu versuchen, die vorherrschenden Einstellungen hinsichtlich einer bestimmten Handlung oder Unterlassung in jedem einzelnen Land durch Umfragen, Analyse der Medien etc. herauszufinden.

Institutionelle Kriminalität und Wirtschaftskriminalität

Wie man sich erinnern wird, änderte Transparency International im Jahr 2000 ihre bevorzugte Definition, um der Tatsache Rechnung zu tragen, dass sich Korruption nach ihrer Auffassung auch rein innerhalb des privaten Sektors abspielen könnte (B2B-Korruption). Dieser Ansatz weitet jedoch das Konzept der Korruption unnötigerweise aus, und es gibt gute Gründe für eine Abgrenzung zwischen dem öffentlichen und dem privaten Sektor. Wenn ich mit den Waren oder Dienstleistungen eines Unternehmens unzufrieden bin, kann ich in den meisten Fällen als Kunde zu einem anderen Unternehmen wechseln; Marktwirtschaft ist auf Wettbewerb ausgerichtet. Der Staat hat jedoch gewissermaßen ein Monopol; wenn ich zum Beispiel zu den Gerichten oder zur Polizei kein Vertrauen habe, kann ich mich wegen der Vollziehung der Gesetze nicht woanders hinwenden. Außerdem sollte der Staat im Fall von Konflikten als Streitschlichter – als Schiedsrichter – zwischen Individuen und Institutionen auftreten; diese Rolle spielt der Geschäftssektor nicht. Das sind zwei gute Gründe, warum es sinnvoll ist, den Staat vom privaten Sektor zu unterscheiden.

Schließlich gibt es hinreichend passende Begriffe, um im privaten Sektor den Missbrauch der eigenen Stellung zu persönlichem Gewinn oder das böswillige Verhalten privater Organisationen zu beschreiben. Am gebräuchlichsten ist für ersteres der

Begriff Wirtschaftskriminalität, während institutionelle Kriminalität häufig das zweite beschreibt. Ein wesentlicher Nachteil beider Begriffe besteht darin, dass der Großteil dessen, was die Medien in ihren Berichten als »Verbrechen« bezeichnen, eigentlich nicht ungesetzlich, sondern nur gesellschaftlich inakzeptabel ist (d. h. eher unerlaubt als ungesetzlich). Die Bezeichnung als wirtschaftliches oder institutionelles Fehlverhalten ist daher generell zu bevorzugen, obwohl es zulässig ist, bestimmte Fälle, in denen das Gesetz gebrochen wurde, als Kriminalität zu bezeichnen.

Organisiertes Verbrechen

Es gibt häufig beträchtliche Überlappungen und Wechselwirkungen zwischen organisiertem Verbrechen und Korruption; tatsächlich könnte organisiertes Verbrechen nicht in so großem Ausmaß ungeschoren davonkommen, gäbe es nicht betrügerische Absprachen zwischen den kriminellen Organisationen und korrupten Beamten. Auch gibt es viele Ähnlichkeiten zwischen den beiden Phänomenen. Sowohl kriminelle Banden als auch korrupte Beamte verfolgen persönliche Interessen, die jenen der Gesellschaft und des Staates zuwiderlaufen. Sowohl organisiertes Verbrechen als auch Korruption können Handlungen betreffen, die von den meisten Bürgern als missbräuchlich angesehen werden, die aber technisch betrachtet nicht ungesetzlich sind (daher ist organisiertes *Verbrechen* nicht immer eine genaue Bezeichnung für die Aktivitäten irgendwelcher Banden). Obwohl manche Experten organisiertes Verbrechen von Korruption dadurch unterscheiden, dass ersteres notwendigerweise mit Gewalt einhergeht (tatsächliche oder angedrohte), was für zweites nicht zutrifft, so wenden oder drohen auch Polizisten manchmal Gewalt auf eine Art und Weise an, die vom Staat nicht gebilligt wird.

Ein entscheidender konzeptueller Unterschied besteht hingegen darin, dass bei Korruption Beamte beteiligt sind (oder Führungskräfte und Freiberufler im privaten Sektor, wenn man die weite Definition von Korruption verwendet), was für organisiertes Verbrechen nicht gilt, außer es handelt sich um betrügerische Absprachen. Ein weiterer Unterschied ist, dass korrupte Beamte manchmal allein handeln – als sogenannte faule Äpfel –, während es sich bei organisiertem Verbrechen zwingend um Gruppenaktivitäten handelt.

Eine Alternative zu Definitionen

In den meisten Situationen genügt die von der Weltbank und vielen anderen Institutionen und Experten verwendete enge Definition, auch wenn diese nicht ganz unproblematisch ist. Wenn jedoch ein differenzierter und ausführlicher Zugang erforderlich ist, können wir fünf Kriterien anwenden, um eine Handlung oder Unterlassung (d. h. bewusstes Wegschauen als Gegenleistung für eine Belohnung) als korrupt oder nicht korrupt einzustufen; alle fünf müssen erfüllt sein, damit eine Handlung oder Unterlassung Korruption darstellt (siehe Übersicht 1).

Diese Gruppe von Kriterien entspricht unseren eigenen Präferenzen einer engen Definition von Korruption. Sie kann jedoch ganz einfach verändert werden – indem man zum Beispiel »öffentliches Amt« durch »eine Vertrauensstellung« ersetzt –, um jenen entgegenzukommen, die eine weite Definition bevorzugen. Im Rest dieses Buchs werden auch Beispiele aus der Geschäftswelt und sogar dem Sport angeführt, obwohl der Schwerpunkt auf offizieller (enger) Korruption liegt.

Wir haben gezeigt, dass es keine allgemeingültige Übereinstimmung darüber gibt, was Korruption darstellt – und warum das so ist. Dennoch gibt es als Anfang zumindest eine weitge-

Übersicht 1 Kriterien zur Identifikation von Korruption

- An der Handlung oder Unterlassung muss eine Person oder eine Gruppe beteiligt sein, die ein öffentliches Amt ausübt, unabhängig davon, ob gewählt oder bestellt.
- Das öffentliche Amt muss mit einem bestimmten Maß an Autorität einhergehen, was die Entscheidungsbefugnis, die Vollziehung der Gesetze oder den Schutz des Staates anbelangt.
- Wenn Beamte etwas tun oder das nicht tun, was sie eigentlich tun sollten, so muss dies zumindest teilweise ihrem eigenen Vorteil oder dem der Organisation, der sie angehören (z. B. einer politischen Partei), oder beiden dienen, und diese Interessen müssen letztlich jenen des Staates und der Gesellschaft zuwiderlaufen.
- Wenn Beamte handeln oder es unterlassen zu handeln, so tun sie dies zumindest teilweise verdeckt und sind sich dabei bewusst, dass ihr Verhalten tatsächlich oder möglicherweise als ungesetzlich oder unerlaubt angesehen wird, und sie entscheiden sich, das nicht zu überprüfen – also ihre Handlungen nicht dem sogenannten *Tageslicht-Test* zu unterziehen (d. h. eine offene genaue Untersuchung ihrer Aktivität zuzulassen) –, denn sie wollen ihren eigenen Vorteil maximieren.
- Die Handlung oder Unterlassung muss von einem wesentlichen Teil der Bevölkerung und/oder des Staates als korrupt angesehen werden. Dieses letzte Kriterium trägt dazu bei, das Problem des kulturellen Unterschieds bei der Interpretation von Korruption zu überwinden.

hende Übereinstimmung hinsichtlich der engen Definition – persönlicher Missbrauch eines öffentlichen Amtes –, selbst wenn die Begriffe »persönlicher Missbrauch« und »öffentliches Amt« näherer Interpretation bedürfen. Wenn man den Test der fünf Kriterien anwendet, so wird man in den meisten Fällen eine zufriedenstellende Antwort auf die Frage finden, ob eine bestimmte Handlung oder Unterlassung Korruption darstellt oder nicht, und dieser Test wird für den Rest dieses Buchs verwendet werden. Darüber hinaus muss jeder Einzelne für sich selbst auf der Grundlage des sogenannten Elefantentests – »er ist schwer zu beschreiben, aber wenn ich einen sehe, so erkenne ich ihn« – entscheiden, ob eine bestimmte Situation Korruption darstellt oder nicht.

2 Warum Korruption ein Problem ist

Korruption wirkt sich auf Individuen, Gruppen und Organisationen (einschließlich des Staates) auf vielfältige Weise aus. Während viele negative Wirkungen offensichtlich sind, gilt das für manch andere weniger. Zur Verständlichkeit der Darstellung werden diese Wirkungen hier hinsichtlich der gesellschaftlichen, umwelt-relevanten, ökonomischen, rechtlich-politischen, sicherheitsbezogenen und internationalen Implikationen getrennt untersucht; in der Realität wirken sich bestimmte korrupte Handlungen häufig gleichzeitig auf verschiedene Bereiche aus.

Gesellschaft

Es gibt so viele Möglichkeiten, wie sich Korruption nachteilig auf die Gesellschaft auswirken kann, dass eine sorgfältige Auswahl angezeigt ist. Eine davon ist die Auswirkung auf die Lebens- und Arbeitsbedingungen der einfachen Bürger. In einer im Mai 2013 in Washington, D. C., gehaltenen Rede legte die verantwortliche Direktorin der Anti-Korruptions-Koalition Ugandas dar, dass die immensen Beträge, die im Jahr 2012 in einem Korruptionsskandal aus den öffentlichen Pensionsfonds ihres Landes abgezweigt wurden, bei korrekter Verwendung für eine dringend notwendige fünfzigprozentige Erhöhung der Gehälter für mehr als 30 000 Grundschullehrer oder 46 000 Polizisten oder zur Bereitstellung von nahezu 18 Millionen Dosen Anti-Malaria-Medikamenten ausgereicht hätten.

Für viele Entwicklungs- oder Schwellenländer besteht eines der gravierendsten mit Korruption verbundenen Probleme darin, dass sie zu verringerten Hilfsleistungen führen kann. Potenzielle Geld- oder Kreditgeber beenden ihre Hilfe oder weigern sich, weitere Mittel für Länder zur Verfügung zu stellen, in denen der Großteil dieser Ressourcen offenbar von den Eliten zum persönlichen Nutzen abgezweigt wird. Leider sind es meist die ärmsten Mitglieder der Gesellschaft, die darunter leiden.

Korruption führt in einer Gesellschaft dazu, dass die Grenzziehung zwischen »den Anderen« und »uns« tiefer empfunden wird, sowohl vertikal als auch horizontal. Die Kluft zwischen den Eliten und der Öffentlichkeit ist häufig größer als nötig, weil es den Anschein hat, dass korrupte Beamte das Vermögen eines Landes zu Lasten der gewöhnlichen Bürger abschöpfen (d. h. eine vertikale Kluft). Gleichzeitig kann Korruption die Trennung innerhalb der Bürgerschaft vergrößern (horizontale Kluft), weil diejenigen, die keine Schmiergelder bezahlen wollen oder können, um das Nötigste zu erhalten, sich über jene empören, die das können und auch machen.

Im Zusammenhang damit kann Korruption auch Ungleichheit steigern. Während viele Bürger zumutbar hohe Niveaus an Ungleichheit tolerieren, wenn sie auf Leistung basieren, so werden sie es übel nehmen, wenn diese Ungleichheit in höherem Ausmaß auf persönlichen Beziehungen und Bestechung beruht, um prestigeträchtige Arbeitsstellen oder Beförderungen zu erhalten. Das Problem wird noch verschärft, wenn wachsende Ungleichheit mit größerer Armut einhergeht, was häufig der Fall ist. In einer vom Internationalen Währungsfonds (IWF) im Jahr 1998 veröffentlichten bahnbrechenden Studie analysieren die Forscher Daten aus mehr als dreißig Ländern über einen Zeitraum von achtzehn Jahren und zeigen überzeugend, dass ein Anstieg des Korruptionsniveaus sowohl zu mehr Einkommensungleichheit (gemessen am Gini-Koeffizienten) als auch zu mehr Armut führt. Da Armut mit einem schlechteren Gesundheitszustand, sowohl physisch als auch psychisch, verbunden ist, wirkt sich Korruption unmittelbar auf das Wohlbefinden der Bevölkerung aus.

Wenn Korruption ein gesteigertes Misstrauen gegenüber dem Staat und seinen Bediensteten mit sich bringt, so kann das zu einem verbreiteten »Rückzug in die Familie« und zu einer engeren Bindung an die Verwandtschaft führen. Ein möglicher negativer Effekt dieser verstärkten Identifikation mit »Freunden und Verwandten« ist, dass es zu einer Verringerung des Sozialkapitals kommen kann und damit zu wachsender Entfremdung zwischen gesellschaftlichen Gruppen, was ethnische Konflikte zur Folge haben kann.

Ein hohes Ausmaß an Korruption und das daraus folgende geringe Vertrauen in den Staat kann das Gefühl der Unsicherheit in der Gesellschaft verstärken. Wenn zum Beispiel Bürger ihren Polizeibeamten wegen deren Korruptheit nicht trauen, so wird die Bereitschaft geringer sein, Verbrechen anzuzeigen und mit den Behörden zusammenzuarbeiten; das führt typischerweise zu höheren Kriminalitätsraten und damit zu noch größerer Verunsicherung unter der Bevölkerung.

Selbst die Beamten haben aufgrund der Korruption ein größeres Gefühl von Unsicherheit. Wenn sich die politische Elite dazu aufrafft, gegenüber Korruption hart durchzugreifen, können sogar ehrliche Beamte beunruhigt sein, dass Handlungen, die derzeit nicht als korrupt gelten, vielleicht zukünftig als korrupt eingestuft werden, mit den damit einhergehenden Strafen; das kann dazu führen, dass sie zögern, ihre üblichen und ordnungsgemäßen Pflichten zu erfüllen, oder sich sogar überhaupt weigern, sie auszuführen. In einem idealen Rechtsstaat, in dem es niemals eine rückwirkende Gesetzgebung gibt, würde diese Problematik nicht entstehen; heutzutage gibt es jedoch, sogar im Westen, wenige Staaten, die streng an der Auffassung festhalten, keine rückwirkenden Gesetze zu erlassen.

In vielen post-kommunistischen Ländern erwies sich die frühe Übergangsphase als besonders schwierig, weil diese Staaten seit Jahrzehnten keine wirkliche Kapitalistenklasse hatten und daher keine Gruppe mit rechtmäßigen finanziellen Mitteln für Investitionen in der neuen marktwirtschaftlich orientierten und privatisierten Wirtschaft. In dieser Situation kann Korruption dazu beitragen, eine neue wohlhabende Bourgeoisie zu schaffen; diese beruht allerdings auf unrechtmäßigem Einkommen, was die Unterstützung dieser neuen Klasse und ihren Vorstellungen durch das Volk untergräbt.

Nach Auffassung einiger Experten ist der Menschenhandel der (gemeinsam mit der Internetkriminalität) am raschesten wachsende Zweig des organisierten Verbrechens. Durch geheime Absprachen mit korrupten Beamten ist das Ausmaß dieser modernen Form des Sklavenhandels deutlich höher, als er ohne deren Kooperation wäre. Nigeria gehört zu den afrikanischen Ländern, aus denen die meisten Frauen zur Prostitution illegal nach Europa geschleust werden: Osita Agbu hat eine umfangreiche Analyse der Rolle korrupter Beamter bei diesen Machenschaften vorgelegt.

Zusätzlich zur Bedeutung von Korruption für den Menschenhandel können Beamte auch beim Waffenschmuggel ihre Hände im Spiel haben, was zu einer Erhöhung der Mordraten führen und Terroristen begünstigen kann. Zwei Minister der Zentralregierung in Bangladesch wurden im Jahr 2014 wegen ihrer Beteiligung am Waffenhandel zum Tode verurteilt.

Korruption kann Leben gefährden. Das kann verschiedene Ausprägungen annehmen, eine davon hängt mit Überschwemmungen zusammen. Zu den vielen günstigen Eigenschaften von Bäumen zählt auch ihre Fähigkeit, den Boden zu stabilisieren; in manchen Ländern haben korrupte Beamte gelegentlich beim Fällen von Bäumen an Flussufern im Gegenzug für Schmiergelder ein Auge zugedrückt. Das hat manchmal in der Folge von heftigen Regenfällen zum Bruch von Dämmen geführt, wodurch Tausende an den Ufern stehende Häuser zerstört wurden und zahlreiche Menschen durch die Überschwemmungen ihr Leben verloren.

Eine weitere allzu übliche Möglichkeit der Gefährdung von Leben durch Korruption betrifft die Bauindustrie. Bau- und Sicherheitsinspektoren, die vorschriftswidriges Verhalten in dieser Branche, einschließlich der Verwendung von minderwertigen Materialien, im Gegenzug für Bestechungsgelder ignorierten, wurden wegen Verletzungen und sogar Todesfällen angeklagt, die eine Folge von unsachgemäßen Bauarbeiten waren. Ein besonders gravierendes Beispiel, bei dem 35 Menschen getötet wurden, war der Einsturz eines Gebäudes in der ägyptischen Stadt Alexandria im Jahr 2007, der zu Anschuldigungen von weitverbreiteter Korruption unter den lokalen Beamten führte. Offensichtlich müssen die ägyptischen Behörden viel mehr unternehmen, da es weitere Beispiele in diesen und anderen Städten aus jüngster Zeit gibt; mindestens 24 Menschen wurden im Januar 2013 getötet, als ein Wohnblock in Alexandria einstürzte – was wiederum schwerwiegende Anschuldigungen wegen Korruption nach sich zog, einschließlich vonseiten des Ministers für Wohnbau (Abbildung 2). Noch schlimmer war, was die Zahl der getöteten Menschen betrifft, der Einsturz eines Kaufhauses in Seoul (Südkorea) im Jahr 1995 mit 502 Toten; dieser Einsturz wurde zumindest teilweise der Korruption von zwei städtischen Bauinspektoren zugeschrieben, die der Annahme von Schmiergeldern während des Baus des Gebäudes für schuldig befunden wurden.

China ist ein weiteres Land, in dem derartige Probleme aufgetreten sind. Im Jahr 2009 gaben die chinesischen Behörden in der Folge von Beschwerden zu, dass bei einem Erdbeben im Vorjahr, bei dem mehr als 5000 Schulkinder in Sichuan ums Leben gekommen waren, viele der Todesfälle durch den Einsturz von Schulgebäuden verursacht wurden, die aufgrund von Korruption nicht die üblichen Standards erfüllten. Nach dem Einsturz eines dreizehnstöckigen im Bau befindlichen Gebäudes in Shanghai im Jahr 2009, bei dem ein Arbeiter getötet wurde, beklagte der Herausgeber der staatlichen Zeitung *China Daily* die »häufig korrupten Verflechtungen zwischen den chinesischen Bauherren und den lokalen Regierungsbeamten, die auf Grundsteuern und den Verkauf von Immobilien als einen wesentlichen Teil ihres Einkommens angewiesen sind«.

2 In Ägypten stürzt im Jahr 2012 vermutlich als Folge von Korruption ein Gebäude ein, 19 Personen verlieren ihr Leben

Bis jetzt lag der Schwerpunkt auf den negativen Auswirkungen von Korruption im engeren Sinn (d.h. unter Beteiligung von Beamten). Im 21. Jahrhundert wurden der Bevölkerung jedoch immer mehr die potenziell verheerenden Auswirkungen von Korruption in ihrer breiteren Bedeutung bewusst. Als sich zeigte, dass sich ein westliches Unternehmen nach dem anderen – Enron (USA), Worldcom (USA), Parmalat (Italien), Siemens (Deutschland), AWB (Australien), Volkswagen (Deutschland), um nur ein paar zu nennen – des Fehlverhaltens schuldig machte, einschließlich von Bestechung und Schmiergeldern, um sich Aufträge aus dem Ausland zu sichern, brach das Vertrauen der Öffentlichkeit in den Unternehmenssektor ein. Viele behaupten, dass die globale Finanzkrise des Jahres 2008 zum Teil die Folge unternehmerischen Fehlverhaltens war, und führten das als eine der Ursachen für die größeren Wirtschaftsprobleme an, die derart schädliche gesellschaftliche Auswirkungen hatten, nicht zuletzt auf den Arbeitsmarkt und die Pensionssysteme.

Die *Berichterstattung* über Korruption kann ebenfalls negative Auswirkungen auf die Bevölkerung haben, da sie das allgemeine Gefühl der Enttäuschung, ja sogar der Verzweiflung, verstärken kann. Die optimale Menge und Art der Berichterstattung zu finden ist jedoch schwierig; »nur schlechte Nachrichten sind gute Nachrichten« für die Medien, um eine Binsenweisheit zu zitieren, und nur wenige können darauf verzichten, über so viele Skandale wie nur möglich zu berichten, ob die Anschuldigungen gründlich untersucht wurden oder nicht. Verantwortungslose Berichterstattung über Korruption macht die Menschen hinsichtlich der Rolle der Medien als »Aufpasser« misstrauisch, was negative Auswirkungen auf die Entwicklung der Zivilgesellschaft hat.

Umwelt

Unbestreitbar ist das größte Problem, mit dem die Menschheit auf längere Sicht konfrontiert ist, die Umwelt. Leider verstärkt Korruption im Allgemeinen die in diesem Bereich bereits bestehenden Probleme. Gemäß dem United Nations Office on Drugs and Crime (Büro der Vereinten Nationen für Drogen- und Verbrechensbekämpfung, UNODC) umfasst Korruption im Umweltbereich:

> »Praktiken [wie] Geldunterschlagung während der Umsetzung von Umweltprogrammen, Korruption in großem Stil bei der Vergabe von Genehmigungen und Lizenzen zur Ausbeutung natürlicher Ressourcen und geringfügige Bestechungen von Gesetzeshütern«.

UNODC hat auch die am meisten gefährdeten Sektoren identifiziert: Sie umfassen die Forstwirtschaft, die Förderung von Erdöl, den Handel mit gefährdeten Arten und die Entsorgung von gefährlichen Abfällen.

Viele der weltweit größten Produzenten und Exporteure von Holz, einschließlich Brasilien, Indonesien und Russland, erlitten beträchtliche Umweltschäden wegen ungesetzlichen Abholzens, das durch korrupte Beamte erleichtert wurde. Es gibt Behauptungen, nach denen mehr als die Hälfte des in den letzten Jahren weltweit produzierten Schnittholzes das Ergebnis solchen Abholzens ist, wobei dies in vielen Fällen mit Bestechung und Korruption einhergeht.

Was gefährdete Arten betrifft – im Jahr 2011 argumentierte der Leiter der Nichtregierungsorganisation »Freeland«, die sich dem Kampf gegen den Handel mit Wildtieren verschrieben hat, mit Bezug auf Südost-Asien, dass für seine Organisation das Problem Nummer eins bei ihrem Programm gegen den illegalen Handel die Korruption sei, insbesondere Korruption in den Eliten. Korruption kann zum Aussterben verschiedener Wildtierarten beitragen.

Wirtschaft

Die wirtschaftlichen Auswirkungen von Korruption sind der am intensivsten erforschte Aspekt. In einer Mitte der 1990er Jahre veröffentlichten und viel zitierten Analyse argumentierte der Ökonom Paolo Mauro gegen jene Wissenschaftler, die in den 1960er Jahren behauptet hatten, dass Korruption – zum Beispiel in Form von Schmiergeldern oder »Beschleunigungsgeld« (*speed money*) an Beamte, um die Erteilung von Genehmigungen zu beschleunigen – das Wirtschaftswachstum sogar steigern könnte. Auf der Grundlage einer beträchtlichen Menge an Daten stellte er Wachstumsraten subjektiven Einschätzungen des Korruptionsniveaus in verschiedenen Ländern gegenüber und schloss, dass Korruption Investitionstätigkeit abschreckte, was wiederum die Wachstumsraten verringerte. Obwohl das von einigen infrage gestellt wurde, ist die vorherrschende Meinung doch, dass Mauro grundsätzlich recht hatte. So argumentierte zum Beispiel Shang-Jin Wei in einem im Jahr 2000 veröffentlichten Artikel, dass Auslandsinvestitionen in Ländern mit höheren Korruptionsquoten niedriger waren, weil potenzielle Investoren dadurch abgeschreckt wurden.

Die Wahrnehmung eines hohen Korruptionsniveaus in einem bestimmten Land kann es für dieses Land entweder erschweren oder verunmöglichen, in internationale »Clubs« – insbesondere die EU – aufgenommen zu werden, wiewohl dieses Land genau deswegen hofft beizutreten, weil es mögliche substanzielle ökonomische Vorteile in einer solchen Mitgliedschaft sieht. Selbst wenn man Teil solch supranationaler Gruppierungen geworden ist, kann ein wahrgenommenes hohes Korruptionsniveau ernsthafte ökonomische Rückwirkungen haben: Bulgarien, Rumänien und Tschechien sind drei relativ neue Mitglieder der EU (die beiden ersten seit 2007, das dritte seit 2004), die seit ihrem Beitritt bedeutende Kürzungen von EU-Mitteln wegen der Bedenken der EU hinsichtlich ihrer Korruptionsniveaus hinnehmen mussten. Zusätzlich wurden die Versuche von Bulgarien und Rumänien blockiert, der Schengen-Zone beizutreten (eine Region aus 26 europäischen Ländern, zwischen denen es keine Grenzkontrollen gibt), weil einige westliche EU-Mitgliedsstaaten – insbesondere Deutschland und die Niederlande – besorgt waren, dass diese südosteuropäischen Länder extrem poröse Grenzen zu ihren Nicht-EU-Nachbarn hätten, hauptsächlich wegen des hohen Korruptionsniveaus unter der Grenzpolizei und den Zollbeamten.

Für ein ernsthaftes ökonomisches Problem, mit dem die EU selbst konfrontiert war, wurde zum Teil der Korruption die Schuld gegeben. Ein Bericht von TI aus dem Jahr 2012 mit dem

Titel *Geld, Politik, Macht – Korruptionsrisiken in Europa* identifizierte Korruption in einigen EU-Staaten (wobei Griechenland als ein Hauptübeltäter galt) als einen maßgeblichen Faktor bei der Entstehung der Krise der Eurozone, die im Jahr 2010 ausbrach.

Korruption führt zu verringerten Einnahmen für den Staat, da korrupte Beamte im Gegenzug für Schmiergelder Bürger und Unternehmen von der Bezahlung von Strafen, Steuern etc. befreien. Im allerersten Anti-Korruptions-Bericht der EU, veröffentlicht im Februar 2014, wurde festgestellt, dass Korruption die EU-Staaten insgesamt etwa 120 Milliarden Euro pro Jahr kostet. Dieser Betrag ist der Summe ziemlich ähnlich (150 Milliarden US-Dollar), welche die Afrikanische Union im Jahr 2002 für ihre 53 Mitgliedsstaaten als jährlichen Verlust wegen Korruption schätzte – auch wenn die EU-Zahl, die gleichwohl erheblich ist, anders als die Zahl für den Teil Afrikas südlich der Sahara nicht ungefähr dem Viertel des gesamten BIPs dieser Region entsprach.

Einige Länder, hauptsächlich Schwellenländer, haben in den letzten Jahren Einkommens- und Körperschaftssteuern mit einem Pauschaltarif (*flat-rate taxes*) eingeführt, häufig genau um das Risiko entgangener Staatseinnahmen zu verringern. Die Begründung ist, dass progressive Steuersysteme den Steuerbehörden mehr Entscheidungsfreiheit geben und daher im Vergleich zu Pauschalsteuer-Systemen mehr Gelegenheiten zur Korruption bieten; sowohl Einzelpersonen als auch Unternehmen geben bei einem progressiven Steuersystem niedrigere Einkommen an, als sie tatsächlich erzielen, um in einer niedrigeren Steuerstufe besteuert zu werden (somit eine Form der Steuerhinterziehung). Leider sind auch Pauschalsteuer-Systeme nicht hieb- und stichfest, da Individuen und Unternehmen noch immer illegal mit korrupten Beamten zusammenarbeiten können, um geringere steuerpflichtige Einkommen anzugeben als sie sollten, um so dem Staat rechtmäßig zustehende Einnahmen vorzuenthalten.

Korruption kann auch zu eingeschränktem ökonomischem Wettbewerb führen, wenn korrupte Beamte Unternehmen begünstigen, die ihnen Schmiergelder zahlen – um ihnen zum Beispiel eine unfaire Vorzugsbehandlung beim Erwerb von Unternehmen, die der Staat privatisiert, oder bei der Vergabe staatlicher Aufträge zuteilwerden zu lassen. Reduzierter Wettbewerb führt normalerweise sowohl zu höheren Preisen und Kosten als auch zu geringeren Wahlmöglichkeiten, was insgesamt für Konsumenten und auch den Staat von Nachteil ist.

Ein Faktor mit potenziell ernsthaften negativen ökonomischen Konsequenzen für die Entwicklung und den Wohlstand eines Landes ist, dass gesellschaftliche Korruption (Nepotismus, Vetternwirtschaft etc.) ehrliche und gut qualifizierte Personen entmutigt, die enttäuscht darüber sind, dass sie keine guten Anstellungen erhielten oder nicht befördert wurden. Einige hören einfach auf, hart zu arbeiten und die Initiative zu ergreifen, während andere in ein weniger korruptes und leistungsorientierteres Land auswandern. Korruption kann somit einen Braindrain begünstigen und der Gesellschaft jene Menschen entziehen, die am besten zur Führung des Landes und seiner Wirtschaft befähigt wären. Dieses Phänomen, das auch als Flucht von Humankapital bezeichnet wird, war für Länder wie den Iran ein besonders kritisches Problem.

Aber auch die gewöhnliche Kapitalflucht ist ein mit Korruption zusammenhängendes Problem. Kurz nachdem Wladimir Putin im Juli 2000 zum ersten Mal Präsident von Russland geworden war, berief er ein Treffen mit vielen der reichsten Männer Russlands ein, der sogenannten Oligarchen, bei dem er sie informierte, dass er die Herkunft ihrer Vermögen nicht hinterfragen würde, solange sie sich an vier Regeln hielten; eine davon war, dass sie die beträchtlichen Summen repatriieren würden, die sie ins Ausland verbracht hatten. Wiewohl es ein strittiger Punkt ist, ob die meisten Oligarchen als korrupt abgestempelt werden sollten, ist das Treffen bemerkenswert, da es deutlich die Sorge der hochrangigen Führungsschicht über die Kapitalflucht zeigt. Das war in jüngster Zeit ein Problem für viele andere Staaten, und korrupte Beamte auf allen Niveaus, einschließlich der höchsten, sind eine wesentliche Ursache für das Problem.

Nicht nur die Öffentlichkeit und der Staat können unter der Korruption ökonomisch leiden. Manchmal werden Bestechungen, die Unternehmen zahlen, um Aufträge zu erhalten, an die Öffentlichkeit gebracht, mit ernsten negativen Konsequenzen. Im Jahr 2013 war sich die Independent Commission Against Corruption (Unabhängige Kommission gegen Korruption, ICAC) des australischen Bundesstaates New South Wales sicher, dass bestimmte Schürfrechte im Hunter Valley auf korrupte Art erworben worden waren. Angesichts dessen kündigte die Regierung von New South Wales im Januar 2014 an, dass die Schürfrechte widerrufen würden.

Das politische und rechtliche System

Korruption kann sich auf politische Systeme (z. B. Demokratien oder Autokratien) und Regierungen (das Team, das die Geschäfte führt) auf vielfältige Weise negativ auswirken. Sie kann zum Beispiel die Macht und den Einfluss einzelner Abgeordneter ungerechtfertigt steigern, die gewillt sind, jene zu bevorzugen, die bereit sind, sie zu bestechen oder ihre Aussichten in zukünftigen Wahlen zu verbessern. Letzteres findet man auf der ganzen Welt in Form des sogenannten »pork-barreling«, bei dem Abgeordnete einer bestimmten Wählerschaft in unangemessener Weise Mittel zukommen lassen oder versprechen, um sich ihre Unterstützung bei Wahlen zu sichern.

Diese Aussage über unangebrachte Begünstigung bringt uns allerdings zu einer besonderen Grauzone in Studien zur Korruption, nämlich dem Problem des Lobbyismus. In Ländern wie den USA ist Lobbying legal und offiziell organisiert. Manche betrachten jedoch Lobbying als eine Form der Korruption und haben argumentiert, dass es in reichen Staaten im Wesentlichen das funktionale Äquivalent zu den offensichtlich korrupten Versuchen der Einflussnahme auf Politiker in ärmeren Staaten ist (vgl. den Hinweis auf den »gekauften Staat« in Kapitel 1). Wenn wir jedoch entscheiden wollen, ob Lobbying eine Form der Korruption darstellt, ist es notwendig, den genauen Charakter einzelner Fälle zu untersuchen; Verallgemeinerung kann irreführend sein.

Viele Organisationen setzen sich für Anliegen ein, welche die meisten Menschen als völlig berechtigt ansehen würden, wie der World Wildlife Fund oder andere wohltätige Organisationen, und dieses Lobbying sollte von jenem unterschieden werden, das sich offensichtlich für eigene Interessen einsetzt. Wenn es sich außerdem eher um die Finanzierung von offiziell registrierten Büros als um die Zahlung von Bestechungsgeldern handelt und wenn – und das ist ein wichtiger Vorbehalt – die finanziellen Details dieser Büros völlig transparent sind, dann wäre es unangebracht, das als Korruption zu bezeichnen. Lobbying durch bestimmte Organisationen könnte als unfair erscheinen, weil es jenen mit ausreichenden Ressourcen mehr Möglichkeiten als dem Durchschnittsbürger gibt, zu versuchen, politische Entscheidungsträger zu beeinflussen; das ist jedoch nur ein anderer Aspekt von politischer Ungleichheit, die selbst in den demokratischsten Systemen besteht. Es ist daher ebenso ein Problem für Theoretiker der Demokratie wie für Experten der Korruption.

Eine weitere schwierige Frage, sowohl für Theoretiker als auch Praktiker der Demokratie, ist die nach der bestmöglichen Finanzierung politischer Parteien – insbesondere ob sie in einer korruptionssicheren Art und Weise erfolgen kann oder nicht. Im Jahr 1999 erlebte Deutschland den Ausbruch des sogenannten »Kohlgate-Skandals«, bei dem der Ehrenvorsitzende der

Christlich Demokratischen Union Deutschlands (CDU), Helmut Kohl, beschuldigt wurde, in die korrupte Annahme und Verteilung gesetzwidriger Gelder für seine Partei während seiner Amtszeit als Kanzler (1982–1998) verwickelt gewesen zu sein. Die CDU wurde schließlich der Korruption für schuldig befunden, und der Präsident des Bundestages versuchte der Partei eine Strafe von knapp unter 50 Millionen Mark (rund 25 Millionen Euro) aufzuerlegen. Obwohl diese Strafe später aufgehoben wurde, so wurden doch als eine unmittelbare Konsequenz der Kohlgate-Affaire die Regeln für die deutsche Parteienfinanzierung wesentlich geändert – mehr Transparenz und weniger Abhängigkeit von Unternehmensspenden. Die besondere Bedeutung dieses Falls lag weniger in der Tatsache, dass ein führender westlicher Politiker der Korruption beschuldigt wurde – Frankreichs Jacques Chirac und Italiens Silvio Berlusconi sahen sich in jüngster Zeit ebenfalls mit Anklagen wegen Korruption konfrontiert –, sondern dass es in einem Land geschah, das in dem Ruf stand, eines der besten Parteienfinanzierungs-Systeme der Welt zu haben.

Korruption kann den Wettbewerb im Wahlkampf untergraben, Ungleichheiten zwischen politischen Parteien verstärken und die Wettbewerbsfähigkeit von Parteien reduzieren. Wahlbetrug und Ungereimtheiten nehmen viele Formen an; die zwei häufigsten sind Wahlmanipulationen und Stimmenkauf (siehe Abbildung 3). In den letzten Jahren gab es weltweit eine Unzahl an vermuteten und nachgewiesenen Fällen von beidem. Aber wie bei vielen Formen von Korruption handelt es sich dabei weder um ein neues Phänomen, noch kommt es nur in Entwicklungs- und Schwellenländern vor: Ein frühes Beispiel für Stimmenkauf ist die sogenannte »spendthrift election« (»Verschwender-Wahl«) des Jahres 1768 im britischen Northamptonshire.

Die Hoffnungslosigkeit der Bürger kann für die Wähler die Anziehungskraft extremer Politiker erhöhen, ob linke oder

3 Wahlbetrug ist in vielen Ländern noch immer allzu weit verbreitet

rechte, die die Ausrottung der Korruption versprechen. Empirische Forschungen zeigen, dass solche Extremisten – wenn sie gewählt werden – sich im Allgemeinen als unwirksam bei der Verringerung der Korruption erweisen; es gibt aber in einigen Ländern den weitverbreiteten Glauben, dass sie über eine Zauberwaffe verfügen.

Anschuldigungen von Korruption durch eine Partei oder einen Politiker können Gegenbeschuldigungen hervorrufen. Das kann wiederum zu gesteigerter Unzufriedenheit der Wähler führen, mit einer Reihe unerwünschter Folgen. Eine davon ist, dass die Bürger zynisch werden und sich daher vom politischen System entfremden, wenn auch auf eine passive Art. Eine andere ist, dass sie wütend werden, wodurch es zu Massenunruhen kommen kann, welche die Legitimität und Stabilität des Systems unterminieren, was zum Sturz der Regierung, ja sogar des Systems insgesamt führen kann. In seiner Analyse aus dem Jahr 2012 konzentriert sich Frank Vogl auf den sogenannten arabischen Frühling des Jahres 2011 und sieht die öffentliche Entrüstung über Korruption als einen Hauptfaktor für den Zusammenbruch der Regime und politischen Systeme in Ägypten und Tunesien.

Korruption kann somit die Rechtmäßigkeit eines Systems untergraben – das angenommene Recht der Regierenden zu regieren. Zu viel Korruption und Berichte darüber können dazu führen, dass das Volk den Glauben an den Markt, die Demokratie und die Rechtsstaatlichkeit verliert. Wiewohl diese destabilisierende Wirkung in Schwellenländern tendenziell stärker ist, gilt das auch für entwickelte westliche Länder. Der Generalsekretär des Europarats erklärte im Januar 2013, dass »Korruption die größte einzelne Bedrohung des heutigen Europas ist. Immer mehr Menschen unseres Kontinents verlieren das Vertrauen in die Rechtsstaatlichkeit«.

Wenn die Menschen das Vertrauen in die Rechtsstaatlichkeit in Ländern verlieren, wo es bisher bestanden hat, steigt die Wahrscheinlichkeit der willkürlichen Verletzung der Bürger- und Menschenrechte. Obwohl dieses Problem anfänglich nur die einfachen Bürger betrifft, kann maßlose Willkür auch für die politischen Eliten gefährlich werden, wenn ihre Herrschaft durch Massenunruhen bedroht wird. Wie so viele andere Aspekte der Korruption ist auch diese Gefahr nichts Neues; nach der traditionellen ostasiatischen Idee des »Mandats des Himmels« hatte das Volk das Recht, einen Herrscher abzusetzen, der unfähig, tyrannisch oder korrupt war.

Sicherheit

Damit ein Staat seinen Aufgaben, wie Verteidigung, Gesetzesvollzug und soziale Wohlfahrt, angemessen nachkommen kann, benötigt er entsprechende Finanzmittel; wenn Korruption das Staatseinkommen reduziert, hat das nachteilige Auswirkungen auf die gesamte Fähigkeit des Staates, seine Bevölkerung zu schützen. Es besteht eine starke Korrelation zwischen schwachen Staaten und einem hohen Korruptionsniveau.

Als während der 1990er Jahre die Sicherheitsvorkehrungen auf den Militärbasen vieler sowjetischer Nachfolgestaaten erschreckend lax waren, wurde in vielen Regierungsberichten und akademischen Studien festgestellt, dass korrupte Beamte in Russland und der Ukraine illegal nukleares Material an jeden verkauften, der bereit war, dafür zu zahlen. Während viele der Belege dafür nur indirekt sind, gibt es unwiderlegbare Beweise, dass korrupte Beamte in schwachen Staaten eine Vielzahl unterschiedlicher Waffentypen an organisierte Verbrecherbanden und Terroristen verkauft haben.

Man kann jedoch dieses Argument auch auf reife Demokratien anwenden. Als Ergebnis einer verdeckten Operation des FBI im März 2014 wurde ein Mitglied des Senats des US-Bundesstaates Kalifornien verhaftet und angeklagt, weil er gemeinsam mit einer in den USA ansässigen chinesischen Verbrecherorganisation illegal Waffen an eine islamische Rebellengruppe auf den Philippinen verkauft hatte; nach Angaben des FBI bestand das Bestechungsgeld des Senators aus Spenden für seine Wahlkampagne. Angeblich plante er, seine illegalen Handelsaktivitäten nach Afrika auszuweiten, und der Schaden, den sein illegaler Handel verursachen könnte, war ihm völlig egal.[1]

Abschließend ist hinsichtlich reifer Demokratien und Waffenhandel festzustellen, dass eine Reihe westlicher Unternehmen beschuldigt wurden, hohe Bestechungsgelder an ausländische Regierungsbeamte gezahlt zu haben, um sich Aufträge zum Kauf von Militärgütern zu sichern; es sind also nicht nur Einzelpersonen und Verbrecherorganisationen, die durch Korruption in dieses potenziell tödliche Geschäft verwickelt sind.

1 Der vormalige Senator Leland Yee wurde am 24. Februar 2016 zu fünf Jahren Haft verurteilt. (Anm. d. Übers.)

Internationales

Einige Auswirkungen der Korruption in einem Land auf andere Länder sind eher ein Ärgernis als eine reale Gefahr. So stiegen zum Beispiel Versicherungsprämien für Autos in den 1990er Jahren in Deutschland teilweise wegen des Diebstahls zahlreicher Autos, die in ost- und mitteleuropäische Staaten verschoben wurden; in diesen Betrug waren häufig Banden verwickelt, die Zollbeamte bestachen, die dann während des Transports der Autos wegschauten.

Viele internationale Auswirkungen von Korruption sind jedoch wesentlich schwerwiegender. So wären zum Beispiel kriminelle Organisationen, die in den internationalen illegalen Handel – mit Drogen, Waffen, Menschen und menschlichen Organen – verwickelt sind, viel weniger erfolgreich, könnten sie nicht häufig Zollbeamte, Polizisten und andere öffentlich Bedienstete bestechen, damit diese im Hinblick auf ihre Aktivitäten ein Auge zudrücken oder sie rechtzeitig vor bevorstehenden Durchsuchungen warnen (z. B. von illegalen Bordellen, in denen sich transnational verschleppte Personen aufhalten).

Leider dominiert in internationalen Beziehungen Pragmatismus oft über Prinzipien, und Länder, die scheinbar relativ niedrige Korruptionsniveaus haben, tolerieren de facto hohe Korruptionsniveaus in einem Land, das nukleare Waffen oder Waren (z. B. Erdöl) besitzt, von denen das weniger korrupte Land in hohem Maße abhängig ist. Gelegentlich wird jedoch die Korruption eines anderen Landes so untragbar, dass einige Länder entscheiden, etwas dagegen zu unternehmen. Ein klassisches Beispiel ist das ›Magnizkij-Gesetz‹ der USA aus dem Jahr 2012, das konzipiert wurde, um durch Visasperren und das Einfrieren von Bankguthaben russische Beamte zu bestrafen, denen unterstellt wurde, eine Rolle beim Tod des Wirtschaftsprüfers Sergej Magnizkij gespielt zu haben. Der Bezug zur Korruption besteht darin, dass Magnizkij Betrug bei russischen Steuerbeamten und

Polizisten untersucht hatte und daraufhin selbst wegen angeblicher geheimer Absprachen mit einer Investitionsberatungsfirma verhaftet worden war, die den russischen Behörden angebliche Korruption gemeldet hatte und wiederum ihrerseits von diesen Behörden der Steuerhinterziehung beschuldigt worden war. Magnizkijs Tod in der Untersuchungshaft war in höchstem Maße verdächtig. Wie zu erwarten gewesen war, trübte das Gesetz die Beziehungen zwischen Moskau und Washington; die Russen erstellten sehr rasch eine Liste von Amerikanern, denen keine Visa erteilt werden sollten, und verboten die Adoption russischer Kinder durch amerikanische Familien.

Vielen Lesern, die eine weite Definition von Korruption bevorzugen, werden die Anschuldigungen erinnerlich sein, welche gegen mehrere internationale Sportorganisationen erhoben wurden, einschließlich der führenden Fußballorganisation FIFA. Anfang des Jahres 2014 war der Vergabeprozess der Weltmeisterschaft 2022 das am meisten kolportierte Beispiel. Derartige Anschuldigungen, ob bewiesen oder unbewiesen, untergraben sowohl die internationale Legitimität solcher Organisationen als auch die jener Staaten, die der Verwicklung in korrupte Praktiken beschuldigt werden.

Dieses Kapitel hat sich auf die negativen Wirkungen der Korruption konzentriert. Es wäre jedoch irreführend, nicht zur Kenntnis zu nehmen, dass einige angesehene Forscher argumentiert haben, dass Korruption bisweilen von Vorteil sein kann. So behaupten einige, dass Korruption moralisch rechtfertigbar sein kann: Eine klassische Situation, die für diese Argumentation herangezogen wird, ist jene des Nazi-Schergen, der jüdischen Gefangenen gegen Bestechung die Flucht ermöglicht. Die ethische Untersuchung dieses Szenarios erfordert eine lange und komplexe Diskussion und übersteigt den Rahmen unserer Aufgabe. Das allgemeine Argument über einen möglichen Nutzen von Korruption muss jedoch angesprochen werden.

In den 1960er Jahren argumentierten einige amerikanische

und britische Wissenschaftler – insbesondere Nathaniel Leff (Columbia University), Joseph Nye und Samuel Huntington (beide Harvard-Professoren) und Colin Leys (Sussex University) –, dass wir uns von moralisierenden Ansätzen zur Korruption entfernen und sie in rationalen und funktionalen Begriffen betrachten sollten (d. h. hinsichtlich der Funktionen, die sie erfüllt). Dieser Ansatz wird in Korruptionsstudien manchmal als Revisionismus bezeichnet. Sie argumentierten – jeder auf seine Art und in unterschiedlichem Ausmaß –, dass Entwicklungsländer manchmal von Korruption profitieren könnten, da sie eher ein »Schmiermittel« oder eine »Arznei« sein könne, als »Sand im Getriebe« oder ein »Gift« zu sein. Sie behaupteten, dass im Falle eines schwachen oder nicht funktionierenden Staates Korruption dazu beitragen könne, pragmatische Lösungen zu finden.

Manche behaupten noch immer, dass Korruption nicht immer ein Schaden für die Allgemeinheit sei. Der bulgarische Forscher Ivan Krastev hat sich zum Beispiel für einen differenzierteren Zugang zu Korruption im Zusammenhang mit Investitionen ausgesprochen; eine Begünstigung inländischer Investoren gegenüber ausländischen, vielleicht als Gegenleistung für Bestechung, gibt lokalen Unternehmern eine Chance, auf den Kapitalismus in den post-kommunistischen Ländern aufzuspringen, wo es bislang keine bürgerliche Klasse gegeben hat. Andere haben darauf hingewiesen, dass das harte Durchgreifen des gegenwärtigen chinesischen Führers Xi Jinping gegenüber der Korruption in seinem Land negative Auswirkungen nicht nur auf vornehme Geschäfte und Restaurants in China hat, sondern auch auf das chinesische Wachstum und damit jenes der Weltwirtschaft, wobei sie implizit unterstellen, dass Korruption das kleinere Übel sei.

Ein drittes Beispiel dieses Standpunkts aus jüngerer Zeit findet sich in einem Aufsatz aus dem Jahr 2007 von Luigi Manzetti und Carole Wilson, die argumentierten, dass viele Bürger korrupte Politiker stützen würden, wenn der Staat schwach ist, und diese Politiker den Bürgern das verschaffen könnten, was sie wollen. Dieses Argument kann man auch auf starke Staaten anwenden. Eine Erhebung in sechs Ländern über die Zusammenhänge zwischen Parteienfinanzierung und Korruption, die der Autor dieses Buchs von 2004 bis 2006 durchführte, zeigte, dass zwischen 14 Prozent (Deutschland) und 35 Prozent (Frankreich) der Wähler – die Zahlen für Bulgarien, Italien, Polen und Russland liegen um die 25 Prozent – in einem Wahlkampf zwischen zwei Personen eher für einen dynamischen, aber korrupten Kandidaten stimmen würden, der den Ruf eines »Machers« hat, als für einen »kleinmütig-sauberen«, aber ineffektiven Kandidaten.

Solche Ergebnisse sind interessant und widersprechen in vielerlei Hinsicht der Intuition, sie müssen jedoch »dekonstruiert« werden. Erstens könnten sich die Befragten einer Erhebung in realen Situationen – in diesem Fall bei einer Wahl – anders verhalten, als sie in der Erhebung angeben; es ist jedoch extrem schwierig zu bestimmen, ob *tatsächlich* mehr oder weniger Leute für den korrupten, aber wirkungsvollen Kandidaten stimmen würden. Zweitens hatten die Befragten nur die Wahlmöglichkeit zwischen zwei sub-optimalen Kandidaten; wenn es in der Realität einen dynamischen und sauberen Kandidaten gäbe, wäre er eine ernst zu nehmende Konkurrenz für die beiden anderen. Anders ausgedrückt, die Befragten, die angaben, dass sie für den korrupten Kandidaten stimmen würden, zeigten keine klare Präferenz für korrupte Beamte, sondern lediglich für das geringere von zwei Übeln. Trotzdem geht aus Belegen aus Indien und Italien klar hervor, dass Wähler manchmal Kandidaten wählen, von denen sie wissen, dass sie korrupt sind.

Während es immer noch Revisionisten gibt, die behaupten, dass Korruption manchmal vorteilhaft sein kann, gibt es einen leicht unterschiedlichen Ansatz von Robert Klitgaard, der in den 1980er Jahren für ein »optimales Ausmaß« an Korruption argumentierte. Klitgaard verurteilt Korruption nicht, argumentiert jedoch – vielleicht als Folge seiner ökonomischen Sichtweise –, dass die Kosten der Korruptionsbekämpfung nicht den durch Korruption verursachten Schaden übersteigen sollten; optimal ist der Punkt, an dem Korruption in Relation zu den erforderlichen Ressourcen maximal bekämpft wird.

Heutzutage gibt es eine weitgehende – wenn auch offensichtlich nicht durchgängige – Übereinstimmung, dass selbst wenn Korruption in manchen Situationen vorteilhaft sein könnte, dies nur kurzfristig der Fall ist; letztendlich überwiegen die Kosten der Korruption immer den Nutzen. Eines der Probleme, wenn man Korruption für einen begrenzten Zeitraum entschuldigt, ist, dass eine Kultur der Korruption entsteht, der man später schwer entgegentreten kann. Anstatt Korruption generell zu entschuldigen, ist ein besserer Ansatz, sie im Sinne von Heidenheimers dreigeteilter Unterscheidung in schwarze, weiße und graue Korruption zu relativieren (siehe dazu das 1. Kapitel). Das ermöglicht eine Differenzierung oder Nuancierung, ohne bei einer vollständigen Apologetik anzukommen.

3 Können wir Korruption messen?

In einem Aufsatz aus dem Jahr 1995 verwies Moisés Naím auf eine globale »Eruption von Korruption«. Ist das Ausmaß an Korruption aber tatsächlich gestiegen? Sind manche Länder wirklich korrupter als andere? Zur Beantwortung dieser Fragen müssen wir Korruption messen können. Leider ist das eine besonders schwierige Aufgabe, zum Teil deswegen, weil wir uns nicht einigen können, was Korruption darstellt.

Ein anderer maßgeblicher Faktor hingegen ist die Schwierigkeit, Informationen zu erhalten. Bei den meisten Verbrechen und Fehlverhalten gibt es Opfer, die den Behörden über ihre Erfahrungen berichten können und das auch oft tun. Es ist jedoch unwahrscheinlich, dass Bürger, die Schmiergeld bezahlt haben, den Beamten anzeigen werden, der das verlangt oder akzeptiert hat. Ein Grund dafür ist, dass in den meisten Fällen der Bürger durch die Bezahlung des Schmiergelds selbst eine Straftat begangen hat. Ein anderer Grund ist, dass der Zahler des Schmiergelds befürchten muss, dass die Baugenehmigung für sein Haus oder der Pass, also die Gegenleistung für seine Bestechung, widerrufen oder beschlagnahmt wird, so dass eine Anzeige des korrupten Beamten seinen eigenen Interessen zuwiderläuft. Wenn sich ein Beamter oder ein anderer Verantwortungsträger auf keinen bilateralen Austausch eingelassen hat – wie zum Beispiel die Veruntreuung von Geldern –, ist das »Opfer« meist der Staat oder ein größeres Unternehmen, das sich des Verlustes gar nicht bewusst ist, bevor nicht eine ordnungsgemäße Rechnungsprüfung durchgeführt wird, was möglicherweise nur selten passiert. Manchmal ist das »Opfer« noch abstrakter, zum Beispiel »die Gesellschaft«. Schließlich führen all die soeben skizzierten Szenarien zu einem konkreten Gewinn für die korrupte Person. Wenn wir jedoch gesellschaftliche Korruption miteinbeziehen, sollte es klar erkennbar sein, wieso eine Messung – z. B. des Ausmaßes an Protektion – äußerst schwierig sein würde.

Wenn wir bestimmen wollen, ob die Korruptionsniveaus in einem bestimmten Land oder einer bestimmten Organisation im Vergleich zu anderen steigen oder fallen, und wenn wir sie verringern und das Ausmaß der Reduktion empirisch zeigen wollen, müssen wir trotz dieser erheblichen Probleme *versuchen*, diese Korruptionsniveaus zu messen.

Es gibt vier gängige Methoden, die zur Messung des Ausmaßes an Korruption verwendet werden – offizielle Statistiken, Erhebungen über Wahrnehmung und Einstellungen, Erfahrungserhebungen, Erhebungen über Strafverfolgung. In diesem Kapitel untersuchen wir diese vier und gehen dann kurz auf weniger gängige Methoden ein.

Offizielle Statistiken

Für viele Forscher sind die vom Staat erstellten öffentlichen Statistiken der Ausgangspunkt für die Messung des Umfangs an Korruption. Hier gibt es grundsätzlich zwei Kategorien – juristische und ökonomische. Juristische Statistiken erfassen typischerweise bis zu fünf Dimensionen der Korruption:

1. Die Zahl der gemeldeten Fälle.
2. Die Zahl der untersuchten Fälle.
3. Die Zahl der angeklagten Fälle.
4. Die Zahl der Verurteilungen.
5. Das Strafausmaß.

Derartige Daten sind ein Ausgangspunkt, sie sind jedoch höchst problematisch, vor allem beim Vergleich zwischen verschiedenen Ländern. So *könnten* zum Beispiel niedrigere Werte für einige oder alle der ersten vier Variablen – relativ zur Größe der Bevölkerung – daher rühren, dass Korruption im Land A wirklich geringer ist als im Land B oder dass die Kultur der Meldung und Untersuchung von Korruption im Land A weniger ausgeprägt ist. Die Bürger des Landes A könnten der Meinung sein, dass es wenig Sinn macht, vermutete oder bekannte Korruption anzuzeigen, weil die Behörden inkompetent, gleichgültig oder selbst korrupt sind – während die Bürger des Landes B mehr Zuversicht und Vertrauen in ihre Strafverfolgungsbehörden haben. Ein weiteres Problem ist, dass viele Länder keine umfassenden – oder überhaupt keine – Daten speziell zur Korruption zur Verfügung stellen; solche Zahlen sind oft in breiteren Kategorien verborgen, wie ökonomische Straftaten oder Missbrauch der Amtsgewalt, wobei beide auch Tatbestände beinhalten können, die im Allgemeinen nicht als Korruption definiert werden.

Andere Arten von Statistiken mit Bezug zur Korruption, die manchmal von Regierungen veröffentlicht werden, umfassen ökonomische Kategorien, insbesondere die durchschnittliche Höhe des Bestechungsgelds und die ökonomischen Auswirkungen von Korruption. Da es jedoch unmöglich ist, viele der tatsächlichen Korruptionsfälle zu identifizieren, können viele dieser Daten eher nur über den Daumen geschätzt sein; häufig basieren sie auf Umfragen – z. B. Befragungen von Personen, wie oft sie in den vergangenen zwölf Monaten Schmiergelder bezahlt haben und wie hoch der durchschnittliche Betrag war –, die dann über die nächsten Seiten analysiert werden, anstelle von solideren Grundlagen.

Bestenfalls sind offizielle Statistiken ein Hinweis auf den *Mindest*umfang an Korruption. Da jedoch Land A im Vergleich zu Land B Anschuldigungen eher planlos untersucht, sagt die Kenntnis des *Mindest*umfangs wenig aus und kann sogar ziemlich irreführend sein. Es ist schön und gut, die Spitze des Eisbergs zu erkennen, das besagt aber nichts über das Gesamtausmaß des Eisbergs. Aufgrund dieser Tatsache bevorzugen derzeit die meisten Forscher zur Abschätzung des Ausmaßes an Korruption andere Methoden als die offiziellen Statistiken.

Erhebungen über Wahrnehmung und Einstellungen

Die weltweit am häufigsten zitierte Quelle zum Ausmaß an Korruption ist der Corruption Perceptions Index (CPI) von Transparency International, eine Erhebung über die Wahrnehmung von Korruption. Bei diesem Ansatz misst man die Wahrnehmungen und Einstellungen der Menschen hinsichtlich der Korruption – ob sie glauben, dass die Behörden genug unternehmen, um sie einzudämmen, bei welchen Dienststellen sie am weitesten verbreitet ist usw. Der CPI wird seit 1995 jährlich erarbeitet und wurde von Transparency International als »Umfrage der Umfragen« oder »Erhebung der Erhebungen« bezeichnet. Transparency führt zur Erstellung des CPIs keine eigenen Befragungen durch; gegenwärtig vereinigt und standardisiert es Erhebungen von anderen – »unabhängigen Institutionen, die sich auf Regierungsführung und Wirtschaftsklima spezialisieren« –, um für jedes beurteilte Land eine Punktezahl und einen Platz in einer Rangfolge zu ermitteln. TI wird kein Land oder keine Region bewerten, für das es nicht mindestens drei Erhebungen zur Verfügung hat, was erklärt, warum der CPI nicht alle Länder der Welt umfasst; im Jahr 2012 erstellte Transparency Bewertungen für 176 der derzeit rund 200 bestehenden Länder und Regionen.

Bis zum Jahr 2012 war der CPI zwischen 0 (hoch korrupt) und 10 (sehr sauber) skaliert, und die Punkte waren auf eine Dezimalstelle (zwei in den ersten CPIs) angegeben. Im Jahr 2012 wurde das geändert, derzeit ist der CPI zwischen 0 (hoch korrupt) und 100 (sehr sauber) skaliert. Aus Platzgründen kann nicht die gesamte Tabelle wiedergegeben werden. Tabelle 1 enthält die Punkte für die obersten und die untersten zwanzig Länder.

Das im Jahr 2012 veränderte Skalierungssystem sollte auch auf andere bedeutendere Änderungen des CPI verweisen. Ein Problem des Index, das Transparency schon seit längerem eingeräumt hat, besteht darin, dass es durch den fallweisen Wechsel der Quellen von Jahr zu Jahr strenggenommen nicht zulässig ist, die Ergebnisse als Zeitreihe zu vergleichen. Bei dem vorliegenden Mangel an alternativen Daten haben jedoch viele Forscher solche Vergleiche angestellt; die ehrlichen unter ihnen betonen jedoch die Unzuverlässigkeit dieser Vorgangsweise und versuchen das Problem durch einen Vergleich dieser Daten mit anderen Quellen abzumildern.

Tabelle 1 Ausgewählte Ergebnisse des Korruptionswahrnehmungsindex 2012

Land oder Region	Rang	Punkte
Dänemark	1=	90
Finnland	1=	90
Neuseeland	1=	90
Schweden	4	88
Singapur	5	87
Schweiz	6	86
Australien	7=	85
Norwegen	7=	85
Kanada	9=	84
Niederlande	9=	84
Island	11	82
Luxemburg	12	80
Deutschland	13	79
Hongkong	14	77
Barbados	15	76
Belgien	16	75
Japan	17=	74
Großbritannien	17=	74
USA	19	73
Chile	20	72
Angola	157=	22
Kambodscha	157=	22
Tadschikistan	157=	22
Dem. Rep. Kongo	160=	21

Land oder Region	Rang	Punkte
Laos	160=	21
Libyen	160=	21
Äquatorialguinea	163=	20
Simbabwe	163=	20
Burundi	165=	19
Tschad	165=	19
Haiti	165=	19
Venezuela	165=	19
Irak	169=	18
Turkmenistan	170=	17
Usbekistan	170=	17
Myanmar	172=	15
Sudan	173=	13
Afghanistan	174=	8
Nordkorea	174=	8
Somalia	174=	8

Da die Anzahl der bewerteten Länder von Jahr zu Jahr variiert, kann ein Vergleich des *Ranges* besonders irreführend sein. Wenn Land X in einem Jahr auf Platz 40 gereiht ist und fünf Jahre später auf Platz 80, sollte man dem Unvorsichtigen verzeihen, wenn er annimmt, dass sich die Korruptionslage dramatisch verschlechtert hat; wenn jedoch die Gesamtzahl der bewerteten Länder im ersten Jahr 80 und fünf Jahre später 160 beträgt, dann ist die Situation des Landes X eigentlich vielleicht mehr oder weniger unverändert, da es genau in der Mitte der Schar verbleibt. Somit wird es für die meisten Anwendungen potenziell weniger irreführend sein, anstatt des Ranges die Punktezahl eines Landes anzugeben, sicherlich dann, wenn man einen Zeitvergleich anstellt. TI hat angekündigt, dass mit der neuen CPI-Methodologie ab 2012 direkte Vergleiche zwischen verschiedenen Jahren zulässig sind; das Problem mit Punktzahl und Rangplatz bleibt jedoch so lange bestehen, bis sich die Zahl der analysierten Länder stabilisiert.

Der CPI wurde noch aus vielen anderen Gründen kritisiert, zum Beispiel dafür, dass er hauptsächlich die Wahrnehmungen von Geschäftsleuten und Experten erfasst und nicht diejenigen der Allgemeinheit. Das gilt für viele komparative Wahrnehmungsindizes, wie zum Beispiel den Index des Business Environment and Enterprise Performance Survey (Erhebung über wirtschaftliche Rahmenbedingungen und Unternehmensergebnisse, BEEPS) der Weltbank und den Index des Global Competitiveness Report (Globaler Bericht zur Wettbewerbsfähigkeit, GCR) des Weltwirtschaftsforums. Es gibt zahlreiche Erhebungen über die Wahrnehmung von Korruption seitens der Allgemeinheit, die meisten beziehen sich jedoch nur auf ein Land und haben ihr spezielles Fragenbündel. Wenn dann das Hauptinteresse auf dem Vergleich von Ländern liegt, sind solche individuellen Ländererhebungen nur von eingeschränktem Wert.

Erfahrungserhebungen

Es wird manchmal behauptet, dass Wahrnehmungsindizes nicht die »wirkliche« Situation wiedergeben. Diese Kritik weist zwei Probleme auf. Erstens impliziert sie, dass irgendjemand – vielleicht der Kritiker – weiß, was die wirkliche Situation ist. Das ist Unsinn; angesichts der Meinungsverschiedenheiten über die Definition von Korruption und der dem Phänomen innewohnenden Geheimhaltung kann *niemand* das tatsächliche Ausmaß an Korruption in irgendeiner Gesellschaft kennen. Zweitens ist Wahrnehmung ohnehin eine Form der Realität. Wenn sich potenzielle Investoren in einem Land wegen des als hoch wahrgenommenen Niveaus an Korruption gegen Investitionen entscheiden, so wirken sich diese Wahrnehmungen auf ihre Aktivitäten aus, sie sind daher eine Form der Realität; wie aus der jahrhundertealten Diskussion zwischen idealistischen und materialistischen Philosophen hervorgeht, leben wir sowohl in einer Welt der Ideen als auch der Materie, und es gibt nicht nur eine Realität.

Dennoch ist es sinnvoll zu versuchen, Korruptionsniveaus auf so viele Arten wie nur möglich zu messen, und Kritiker der Erhebungen über Wahrnehmungen treten häufig dafür ein, an ihrer Stelle Erfahrungserhebungen zu verwenden. Dabei werden die Erhebungsteilnehmer nicht über ihre Wahrnehmungen von Korruption befragt, sondern eher über ihre tatsächlichen Erfahrungen damit. Eine typische Frage lautet: »Haben Sie oder jemand in ihrem Haushalt in den letzten zwölf Monaten Schmiergeld bezahlt?« Als solche Erhebungen erstmals zur Debatte standen, waren viele Experten skeptisch, da sie annahmen, dass niemand je zugeben würde, dass er Schmiergelder gezahlt habe. In der Zwischenzeit haben wir jedoch reichlich Belege, die zeigen, dass viele gestehen, Schmiergeld gezahlt zu haben, solange sie den Zusicherungen des Erhebungspersonals hinsichtlich Vertraulichkeit und Anonymität Glauben schenken.

Transparency International führte, teilweise als Reaktion auf die Kritik ihres CPI, im Jahr 2003 einen neuen Erhebungstyp ein, der Fragen zu Wahrnehmungen, Einstellungen und Erfahrungen in einer Erhebung kombiniert. Es ist das Global Corruption Barometer (Globales Korruptionsbarometer, GCB), das seit seiner Einführung alle ein bis zwei Jahre erhoben wird. Auf der Website von TI wird es als eine Erfassung der »Meinungen und Erfahrungen der Bevölkerung« bezeichnet. Anders als der CPI wird das GCB von TI selbst erhoben (unter Einsatz von Meinungsforschungsinstituten in den untersuchten Ländern) und hat den klaren Vorteil, dass ein standardisierter Fragebogen verwendet wird. Es besteht im Vergleich zum CPI auch größere Kontinuität der einzelnen Fragen, so dass es geringere Probleme bei Zeitreihenvergleichen gibt. Umgekehrt ist die Reichweite des GCB geringer; von ursprünglich insgesamt nur 46 Ländern und Regionen im Jahr 2003 – wobei die Ergebnisse für einige Länder unvollständig waren – wurde der GCB ausgeweitet, so dass die Erhebung für 2010/11 in 100 Ländern durchgeführt wurde; das war zwar eine beeindruckende Zahl, aber immer noch deutlich geringer als diejenige des CPI. Wiederum kann aus Platzgründen nur eine kleine Auswahl der Ergebnisse zitiert werden. Tabelle 2 liefert jedoch einen Beweis dafür, dass viele Bürger – wenn sie gefragt werden – auch tatsächlich angeben werden, Bestechungsgeld gezahlt zu haben. Bei der Zusammenstellung der Tabelle wurde entschieden, nur jene Länder aus den obersten und untersten zwanzig Plätzen des CPI zu nehmen, die im GCB für 2010/11 bewertet wurden, da dies einen direkten Vergleich der beiden Ergebnisse erleichtert.

Die Positionen einiger Länder unterscheiden sich nicht unwesentlich zwischen dem CPI und dem GCB, und es gibt auch zwei, drei Überraschungen in den Ergebnissen für 2010/11: Luxemburg und Singapur scheinen höhere Korruptionsraten zu haben als erwartet, wohingegen Venezuela und der Sudan offensichtlich viel geringere Raten haben, als ihre CPI-Punkte aus dem Jahr 2012 andeuten würden. Dennoch ist das zugrunde liegende Muster bei Verwendung beider Erhebungsmethoden das gleiche: Für Bürger reicher und stabiler Demokratien ist die Wahrscheinlichkeit, Bestechungsgelder zu zahlen, viel geringer als für Bürger in armen Ländern oder instabilen Staaten.

Bevor wir uns vom GCB wieder abwenden, sind noch drei Punkte anzumerken. Erstens, bei allen bisher präsentierten Daten wurde in den Analysen häufig vorsichtig oder im Konjunktiv formuliert. Es ist wahrscheinlich, dass die Bürger mancher Länder größere Angst haben, die Zahlung von Schmiergeld zuzugeben, was unsere Interpretation der Korruptionssituation im Vergleich zwischen Ländern verzerren kann; die meisten Umfragedaten, nicht nur jene mit Bezug zur Korruption, sollten mit Vorsicht behandelt werden.

Zweitens können die Fragen des GCB zur Erfahrung der Befragten potenziell viel über Alltagskorruption aussagen, sie sind hingegen für die Analyse von Großkorruption nur von

Tabelle 2 Ausgewählte Erfahrungsergebnisse des Globalen Korruptionsbarometers (CBG)* (in Prozent; gereiht nach den Punkten der Erhebung für 2010/11)

Land oder Region	2004	2005	2006	2007	2009	2010/11
Dänemark	2	1	2	2	1	0
Norwegen	3	4	2	–**	2	1
Großbritannien	1	1	2	2	3	1
Australien	–	–	–	–	–	2
Finnland	3	3	1	2	2	2
Schweiz	2	1	1	1	1	2
Deutschland	1	2	2	–	–	2
Niederlande	2	0	2	2	1	2
Island	3	1	2	1	2	3
Neuseeland	–	–	–	–	–	4
Kanada	1	1	3	1	2	4
Hongkong	1	0	6	3	7	5
USA	0	1	2	2	2	5
Japan	1	0	3	1	1	9
Singapur	1	4	1	–	6	9
Luxemburg	2	6	6	6	4	16
Venezuela	9	6	21	12	28	20
Sudan	–	–	–	–	–	21
Irak	–	–	–	–	44	56
Afghanistan	–	–	–	–	–	62
Dem. Rep. Kongo	–	–	–	–	–	62
Burundi	–	–	–	–	–	74
Kambodscha	–	–	–	72	47	84

* Antworten auf die Frage: »Haben Sie oder jemand, der in ihrem Haushalt lebt, in den letzten 12 Monaten Schmiergeld bezahlt?«

** Striche bedeuten, dass das Land in diesem Jahr nicht bewertet wurde.

eingeschränktem Nutzen, da die meisten Bürger kaum, wenn überhaupt, mit hohen Funktionsträgern, wie zum Beispiel Politikern, in Berührung kommen. Das ist eine bedeutende Einschränkung, die für den Großteil der Erfahrungserhebungen gilt, da elitäre Korruption üblicherweise einen viel größeren Schaden anrichtet als Alltagskorruption.

Schließlich wurden seit der ersten Veröffentlichung des GCB im Jahr 2003 in verschiedenen Zusammenhängen Analysen der Korrelation zwischen den CPI- und den GCB-Ergebnissen durchgeführt; es ist beruhigend, dass die Korrelationen relativ hoch sind.

Zusätzlich zum GCB untersuchen eine Reihe anderer Erhebungen die Korruptionserfahrungen der allgemeinen Bevölkerung, von denen man den International Crime Victim Survey (Internationale Verbrechensopfer-Erhebung, ICVS) als die bekannteste und am meisten geschätzte bezeichnen könnte. Leider wird diese Erhebung nicht regelmäßig durchgeführt, und die erfassten Länder variieren von einer Erhebung zur nächsten beträchtlich. Dennoch soll nicht unerwähnt bleiben, dass die Korrelation zwischen dem CPI und der ICVS ebenfalls untersucht wurde und sich als stark herausstellte; das ist ermutigend, denn es gibt dem Benutzer größeres Vertrauen in die Zuverlässigkeit der unterschiedlichen Wahrnehmungserhebungen. An den Korruptionserfahrungen des Wirtschaftssektors interessierte Leser sollten sowohl den bereits erwähnten BEEPS als auch den International Crime Business Survey (Internationale Erhebung über Unternehmen als Verbrechensopfer, ICBS) konsultieren, obwohl letztere leider nur einmal durchgeführt wurde (im Jahr 2000; sie hatte jedoch weniger umfangreiche Vorläufer in den 1990er Jahren).

Eine weitere nützliche »Eintagsfliege« war – zur Zeit der Verfassung dieses Buchs – der Sonderbericht des Eurobarometers über Korruption (Eurobarometer Special Report on Corruption) im Jahr 2014, wiewohl diese Erhebung angeblich regelmäßig weitergeführt werden soll. Erstmalig wurden im Rahmen des Eurobarometers Personen aus der EU-Öffentlichkeit über ihre tatsächlichen Erfahrungen mit Korruption befragt; während rund zwölf Prozent (0 Prozent im Vereinigten Königreich!) angaben, persönlich jemanden zu kennen, der Schmiergelder annimmt, war die Zahlung von Schmiergeld lediglich von 4 Prozent gefordert oder erwartet worden. Der Durchschnitt ist aber möglicherweise irreführend, da diese Zahl in einigen Ländern wesentlich höher war als in anderen. So waren Schmiergeldzahlungen von 25 Prozent der Rumänen und 29 Prozent der Litauer gefordert oder erwartet worden; am anderen Ende des Spektrums – und mehr oder weniger in Übereinstimmung mit Ergebnissen auf der Grundlage anderer Methoden – war der Anteil in Skandinavien, Finnland, Deutschland, Luxemburg, Portugal und dem Vereinigten Königreich sehr niedrig (weniger als 1 Prozent).

Erhebungen über Nachverfolgung

Ein einfallsreicher Ansatz zur Korruptionsmessung wurde von der Weltbank in den 1990er Jahren eingeführt, und zwar die Nachverfolgungserhebung; davon gibt es zwei Haupttypen – den Public Expenditure Tracking Survey (Erhebung zur Rückverfolgung öffentlicher Ausgaben, PETS) und die Quantitative Service Delivery Survey (Quantitative Erhebung zur Leistungserbringung, QSDS). Sie sind für ein Einführungsbuch zwar etwas technisch, ihre wesentliche Methodologie und ihre Grundprinzipien lassen sich jedoch leicht erklären.

Im Laufe der 1990er Jahre war die Weltbank zunehmend besorgt, dass die Mittel, die sie Entwicklungsländern zur Verfügung stellte, in vielen Fällen nicht bei denjenigen ankamen, für die sie bestimmt waren. So erreichten die Gelder der Weltbank, die für die Unterstützung der schulpflichtigen Kinder Ugandas gedacht waren, nie ihre Adressaten. Die Weltbank setzte daher eine Methode ein, um ihre Mittel auf jedem administrativen Niveau bis hinunter zur einzelnen Grundschule zu verfolgen, wobei sie ab 1996 bei der Umsetzung mit der Regierung von Uganda zusammenarbeitete. Die Ergebnisse waren sehr beeindruckend; während in der Periode von 1991 bis 1995 im Durchschnitt nur 13 Cent jedes Dollars tatsächlich eine Grundschule erreichten, stieg dieser Betrag bis zum Jahr 2001 auf 80 Cent. Das war ein erfolgreiches Beispiel für PETS.

Ein gutes Beispiel für eine QSDS findet man in Bangladesch. Die Weltbank vermutete, dass ein wesentlicher Teil der zur Erbringung von Gesundheitsleistungen zur Verfügung gestellten Mittel entweder verschwendet oder missbräuchlich verwendet wurde. Ein System der Nachverfolgung wurde entwickelt, das hauptsächlich aus unangekündigten Besuchen bei Einrichtungen des Gesundheitswesens im Jahr 2002 bestand, um festzustellen, wer abwesend war. Es stellte sich heraus, dass etwa 35 Prozent des Gesundheitspersonals – und mehr als 40 Prozent der Ärzte –, die teilweise mit Mitteln der Weltbank entlohnt wurden, nicht anwesend waren, obwohl sie es hätten sein sollen, wofür die führenden Mitarbeiter des Untersuchungsteams den Begriff »Geisterarzt« prägten. Während einige Mitarbeiter legitime Gründe für ihre Abwesenheit hatten, stellte sich heraus, dass viele Ärzte schwarzarbeiteten – sie arbeiteten in ihrer privaten Praxis, anstatt der aus öffentlichen Mitteln finanzierten Tätigkeit nachzugehen, für die sie entlohnt wurden. Wiederum führte die bloße Durchführung der Erhebung zu einer Verbesserung der Situation.

Ein wesentlicher Vorteil solcher Nachverfolgungserhebungen ist, dass sie Korruption nicht nur messen, indem sie Statistiken über »vorher und nachher« liefern können, sondern gleichzeitig auch zur Verringerung der Korruption beitragen, was ja letztlich der wichtigste Grund für den Versuch ist, sie zu messen. Leider haben auch Nachverfolgungsanalysen, wie alle Methoden zur Korruptionsmessung, Nachteile. Sie können zum Beispiel lediglich das Ausmaß an Korruption in einer besonderen Situation messen, sei das sektoral (Bildung, Gesundheitswesen usw.) oder regional; sie eignen sich nicht dafür, das Ausmaß an Korruption eines Landes insgesamt zu beurteilen. Sie kosten außerdem viel Zeit und Geld; relativ zum Umfang ihres Anwendungsbereichs sind sie die teuerste der hier behandelten Methoden. Letztendlich gelingen sie nur, wenn die Behörden der Zielländer bereit sind, mit den Mitarbeitern der Erhebung zusammenzuarbeiten. Während die Regierung von Uganda den Ansatz und die Ziele der Weltbank in hohem Maße unterstützte, erwiesen sich die Behörden Tansanias während einiger von verschiedenen Institutionen durchgeführten PETS in den Jahren 1999 bis 2004 als wesentlich weniger kooperativ – vielleicht waren sie unwillig, an etwas teilzunehmen, das sie als Einmischung von außen ansahen –, mit dem Ergebnis, dass die dort durchgeführten PETS weniger erfolgreich waren.

Andere Methoden

Zusätzlich zu den bereits behandelten vier Hauptmethoden können Forscher verschiedene andere Ansätze zur Abschätzung der Korruption in einem gegebenen Kontext einsetzen. Eine Möglichkeit ist die Organisation von *Fokusgruppen*. Sie umfassen normalerweise 8 bis 12 Personen – typischerweise eher aus der Bevölkerung und nicht Experten –, die aufgefordert werden, ein Thema zwischen 45 Minuten und zwei Stunden zu diskutieren. Der Forscher fungiert nur als Moderator oder Unterstützer, nicht jedoch als Teilnehmer. Viele Forschungsprojekte haben mehrere derartige Gruppen, und die Diskussionen werden auf Band aufgezeichnet (manchmal werden auch nur schriftliche Aufzeichnungen gemacht). Nach der Sitzung der Fokusgruppe analysieren Forscher die Diskussionen, um die vorherrschenden Wahrnehmungen und Einstellungen zu identifizieren; Computer-Software, wie zum Beispiel N-Vivo, kann dabei hilfreich sein.

Ein Vorteil der Fokusgruppen-Forschung ist, dass sie billiger und leichter zu organisieren ist als die Durchführung einer großangelegten Erhebung. Anders als eine umfassende Erhebung, deren Ergebnisse statistisch signifikant wären, wenn die Stichprobe korrekt gezogen wird und mindestens 1000 Personen befragt werden, kann Fokusgruppen-Forschung nicht so behandelt werden, als würde sie die Meinungen der Allgemeinheit widerspiegeln; die Stichprobe ist zu klein. Außerdem ist diese Methode ungeeignet zur Messung der Erfahrungen mit Korruption, da die Gruppenteilnehmer einander nach den Diskussionen bei den Behörden anzeigen könnten.

Obwohl die meisten Fokusgruppen auf persönlicher Basis organisiert werden, hat es in letzter Zeit Bemühungen zur Organisation von Online-Fokusgruppen gegeben; die meisten Forscher halten diese jedoch im Vergleich zur traditionellen Methode für weniger zufriedenstellend. Eine andere Methode, die tatsächlich meistens online mittels E-Mails durchgeführt wird, ist die *Delphi-Methode*. Dabei kontaktieren die Forscher eher Experten – normalerweise zwischen 8 und 50 Personen – und nicht Mitglieder der Allgemeinheit, fordern sie auf, eine Reihe von Fragen zu beantworten und anschließend die Antworten in eine Rangfolge zu bringen. Die Forscher erstellen dann einen Schlussbericht, der jedem teilnehmenden Experten übermittelt wird; das ist deren Anreiz, an dem Projekt teilzunehmen.

Delphi-Befragungen haben mehrere Vorteile: Sie sind billig; sie erfassen Personen, die mehr über das jeweilige Thema wissen als die Allgemeinheit; die Teilnehmer müssen nicht gleichzeitig am selben Ort sein; und sie können detaillierte Informationen über Korruption liefern und fachlich fundierten Rat erteilen, wie man Korruption im spezifischen Kontext am besten verringern kann. Nachteilig ist, dass sie viel Zeit benötigen, wenn die Experten sehr beschäftigt sind; dass es sich als schwierig erweisen kann, ein vernünftiges Maß an Übereinstimmung zu erzielen; und dass die Ergebnisse statistisch nicht signifikant sind.

Eine dritte Methode ist die Durchführung von Interviews. Eine Untersuchung über Polizeikorruption könnte zum Beispiel aus Interviews mit einer kleinen Anzahl von Personen aus ausgewählten geeigneten Institutionen bestehen: Für ein kleines Forschungsprojekt könnte es sinnvoll sein, sechs Polizisten, sechs Enthüllungsjournalisten, sechs Richter, sechs Mitglieder von Anti-Korruptions-NGOs und – in Ländern, wo so etwas schon eingerichtet ist – sechs Mitglieder einer Kommission zur Untersuchung von Korruption (z. B. die Knapp- und die Mollen-Kommission in den USA oder die Wood- und die Fitzgerald-Kommission in Australien) zu interviewen. Die Ähnlichkeiten und Unterschiede zwischen diesen Gruppen, ja sogar innerhalb der Gruppen, können dann analysiert und interpretiert werden.

Für die meisten Projekte ist die Verwendung von semi-strukturierten Interviews der optimale Ansatz. Diese umfassen eine Liste von Standardfragen – so dass die Forscher Antworten zwischen den und innerhalb der Gruppen unmittelbar vergleichen können –, ermöglichen aber gleichzeitig nach diesen Fragen eine freie Diskussion; schließlich bringen die Befragten häufig relevante Themen zur Sprache, die dem Forscher vorher nicht bewusst waren, wodurch ihm im Falle eines geschlossenen Interviews (d. h. durch das strikte Festhalten an einem vorweg vorbereiteten Fragenkatalog) wertvolle »Insider«-Informationen und -Perspektiven entgehen würden.

Die vierte Methode, die Inhaltsanalyse, hat sich als Forschungsinstrument in jüngster Zeit gründlich verändert. Wenn in der Vergangenheit zum Beispiel zehn Jahrgänge einer oder mehrerer Zeitungen innerhalb eines beschränkten Zeitraums zu analysieren waren, so erforderte dieser Ansatz eine sorgfältige Auswahl der Artikel, möglicherweise eine Beschränkung auf ausgewählte Perioden und die strenge Einhaltung eines festgelegten Formats. Mit dem Aufkommen von Online-Quellen und Suchmaschinen ist es jetzt relativ billig, rasch und leicht möglich zu schauen, wie zum Beispiel die Medien in einem bestimmten

Land oder bestimmten Ländern über Korruption berichten – Häufigkeit der Berichte, Art und Umfang der Korruption, über die berichtet wird, usw. Berichte von Untersuchungskommissionen über Korruption sind ein weiterer Typ von Dokumenten, die systematisch analysiert werden können, und stellen häufig eine wertvolle Informationsquelle dar; ein wesentliches Problem ist, dass es nicht viele davon gibt.

Während man zur Überprüfung dieser These eine andere Art von Forschung bräuchte, kann man doch vernünftigerweise davon ausgehen, dass die Wahrnehmung von Korruption seitens der Öffentlichkeit durch Umfang und Art der Berichterstattung in den Medien beeinflusst wird. Eine Inhaltsanalyse der Medien würde nicht Korruption an sich messen, obwohl in vielen Ländern, in denen die Behörden keine offiziellen Statistiken systematisch veröffentlichen, Zeitungen manchmal Puzzleteile von Statistiken vermitteln, wenn sie zum Beispiel über eine Rede der Innenministerin berichten. Die Methode kann aber dazu verwendet werden, sinnvolle Annahmen darüber zu treffen, wie und warum Bürger und Unternehmer die Wahrnehmungen über Korruption bilden, die sie eben haben.

Fünftens können Forscher statistische Analysen von Fallstudien heranziehen. Dabei analysieren sie detailliert eine große Zahl realer Fälle von Korruption (die häufig auf Berichten in den Medien, Gerichtsverfahren und Interviews beruhen), wobei die Ergebnisse anschließend zusammengefasst und verglichen werden, um Muster zu erkennen. Das ist eher zur Untersuchung von Korruption in einem bestimmten Sektor oder einer bestimmten Region geeignet als dazu, zu allgemeinen Aussagen über die gesamte Bevölkerung zu gelangen, kann jedoch viel über die besondere Bedeutung verschiedener Arten der Korruption innerhalb einer gegebenen Gruppe aussagen.

Eine relativ junge Methode sind Experimente. Eine steigende Anzahl von Sozialwissenschaftlern verwenden zur Überprüfung ihrer Hypothesen anstatt anderer Methoden inzwischen in zunehmendem Maße Experimente. Ein Grund dafür ist, dass viele glauben, dass diese Methode überzeugendere kausale Erklärungen liefert als die meisten anderen Methoden: Hat A tatsächlich B *verursacht*, oder hängen sie einfach auf irgendeine andere Weise zusammen, die wir nicht zufriedenstellend erklären können? Wir möchten zum Beispiel wissen, ob die Wahrnehmung, dass Zollbeamte im Land A deutlich korrupter sind als ihre Kollegen im Land B, auf Tatsachen beruht. Um das zu überprüfen, könnten wir versuchen, etwas nicht allzu Schwerwiegendes (um das Risiko von mehr als einer kleinen Strafe im Fall der Aufdeckung zu reduzieren), wie etwa die doppelte der legal zollfrei erlaubten Menge an Zigaretten, in beide Länder zu schmuggeln, und erfassen, wie oft Zollbeamte anbieten, gegen eine kleine Bestechung wegzuschauen.

Der auf Experimente gestützte Ansatz ist verlockend, kann aber bei seiner Anwendung auf einen sensiblen Bereich wie Korruption problematisch sein. Es ergeben sich heikle ethische Fragen, wenn man zum Beispiel versucht, die Korruptionsneigung von Verkehrspolizisten zu testen, indem man herausfindet, wie oft man einer Anzeige für zu schnelles Fahren entgeht, indem man Schmiergeld anbietet. Wenn man wirklich zu schnell fährt, so erhöht das statistisch die Wahrscheinlichkeit, dass unser Experiment unschuldige Mitglieder der Allgemeinheit gefährdet. Und Verteidiger der Bürgerrechte würden infrage stellen, ob man rechtfertigen kann, Verkehrspolizisten eine Falle zu stellen. Während es schwierig ist, sich für das erste Problem eine passende Lösung einfallen zu lassen, könnte man dem zweiten dadurch begegnen, dass man sicherstellt, dass das Experiment nur eine gezielte Operation umfasst (d. h., es wird so konzipiert, dass nur solche Beamte identifiziert werden, die bereits unter Korruptionsverdacht stehen) und keine Falle stellt (d. h., dass eine Person, die normalerweise gegen keine Regel verstößt, derart in Versuchung geführt wird, dass sie dieser erliegt); an diesem Punkt seien die Leser an den Unterschied zwischen »Gras-fressend« und »Fleisch-fressend« erinnert. Mit anderen Worten: Die Forscher würden kein Bestechungsgeld *anbieten*, sondern würden warten, ob eines verlangt wird.

Bei den beiden soeben beschriebenen Szenarien mit den Zollbeamten und den Polizisten handelt es sich um reale Experimente, sie werden daher Feldversuche genannt. Eine andere Art der Forschung – labor-basierte Experimente – simuliert Szenarien in einem kontrollierten Umfeld. So wie Feldversuche ist auch diese Art der Forschung über Korruptionsniveaus und Korruptionstendenzen ziemlich neu, es gibt sie erst seit den frühen 2000er Jahren. Pionierarbeit in diesem Bereich hat zum Beispiel bereits Hinweise dafür geliefert, dass Frauen in entwickelten Gesellschaften weniger korrumpierbar sind als Männer, wobei das Bild in sich entwickelnden Gesellschaften weniger klar ist.

Die Leser können sich die vielen ethischen und praktischen Probleme vorstellen, die in den verschiedenen Formen von Experimenten entstehen können, sowohl bei Feldversuchen als auch bei Laborexperimenten. Es sollte auch klar sein, dass die Ergebnisse von Laborversuchen, zum Beispiel um herauszufinden, ob Bürger in bestimmten Ländern toleranter gegenüber Korruption sind als in anderen, mit Vorsicht zu behandeln sind. Nicht nur, dass wir bei der Interpretation der Ergebnisse häufig »über den Tellerrand« hinaussehen müssen, sondern es ist auch die Verallgemeinerbarkeit der Resultate zu hinterfragen, wenn die Zahl der untersuchten Personen klein ist. Und dann bleibt noch die wichtige Frage nach dem Zusammenhang zwischen kontrollierten Versuchen im Labor und dem tatsächlichen Alltagsverhalten; einige Teilnehmer an den Experimenten könnten in realen Situationen ganz anders handeln. Das sind nur ein paar der Gründe, warum diese Methode – obwohl prinzipiell attraktiv – nicht problemfrei ist. Aber die Tatsache, dass Experimente zur Korruption erfolgreich durchgeführt wurden und sowohl neue Perspektiven aufgezeigt als auch neue Fragen aufgeworfen haben, zeigt, dass solche Methoden uns spannende neue

Möglichkeiten eröffnet haben; wir müssen nur weiterhin unsere Methoden verfeinern.

Eine ganz andere Methode ist schließlich der *Proxy*-Ansatz. Diese Methode wird zum Beispiel von Global Integrity bevorzugt, wobei die Organisation argumentiert, dass – da wir das Ausmaß an Korruption selbst nicht zufriedenstellend messen können – es besser ist, zu untersuchen, was zu ihrer Bekämpfung getan wird. In ihrem (bisher) jährlich erscheinenden *Global Integrity Report* untersucht Global Integrity sowohl die von verschiedenen Institutionen (Behörden, Nichtregierungsorganisationen, Medien usw.) in einzelnen Ländern getroffenen Maßnahmen als auch die Um- und Durchsetzung dieser Maßnahmen und gibt dann den Ländern eine Gesamtnote. Das ist ein interessanter alternativer Ansatz, obwohl die Gefahr besteht, die offiziellen Erklärungen in zu großem Ausmaß ungeprüft zu übernehmen. Dennoch ist es wichtig zu wissen, wie ernst die politischen Eliten Korruption zu nehmen scheinen, was sie unternehmen, um das Niveau an Integrität zu erhöhen – und was sie nicht machen. Außerdem stützt sich Global Integrity im Vergleich zu anderen Datenquellen stärker auf die Einschätzung lokaler Experten. Zu Anfang des Jahres 2014 war Global Integrity dabei, seine Methodologie zu ändern, so dass der jüngste verfügbare vollständige Bericht für das Jahr 2011 vorlag, in dem mehr als dreißig Länder analysiert wurden.

Die Antwort auf die Frage im Titel dieses Kapitels sollte jetzt bereits klar sein: Wir *können* Korruption messen, aber nur unvollkommen. In diesem Kapitel wurden zahlreiche Methoden zur Messung von Korruption dargestellt; alle haben etwas zu bieten, aber keine ist ohne Probleme. Einige messen Wahrnehmungen, andere Erfahrungen. Einige wollen das »Gesamtbild« erfassen – das gesamte Ausmaß an Korruption eines Landes –, während andere auf einzelne Behörden, Sektoren oder Regionen abzielen. Manche umfassen Befragungen der Allgemeinheit, während andere die Geschäftswelt in den Blick nehmen – dies ist ein Grund dafür, dass manchmal die Ergebnisse einzelner Erhebungen für ein bestimmtes Land sehr unterschiedlich aussehen. Nur wenige eignen sich zur Messung gesellschaftlicher Korruption. Wir müssen daher eine ganz klare Vorstellung darüber haben, was wir *genau* zu erfassen versuchen, wenn wir sagen, dass wir Korruption messen wollen. Das vorausgeschickt: Je mehr Methoden wir verwenden – die Verwendung eines sogenannten »Methodenmix« oder eines multi-perspektivischen Ansatzes (d. h. eine Betrachtung aus möglichst vielen Blickwinkeln) –, umso besser. Leider ist das derzeit schwieriger als nötig, weil verschiedene Länder erfasst, die Fragen unterschiedlich formuliert werden usw.

Dennoch ist es klar, dass wohlhabende und stabile Demokratien im Allgemeinen die geringste Korruption aufweisen dürften, während arme Diktaturen und mit Problemen behaftete Staaten das größte Korruptionsniveau haben. Zwar gibt es Ausnahmen zu diesem generellen Muster, das sind aber vielleicht die Ausnahmen, welche die Regel bestätigen. Fast immer stellen sich die nordischen Staaten – unabhängig von der gewählten Methode – als jene mit den niedrigsten Korruptionsniveaus heraus.

Zum Schluss sind drei wichtige Punkte festzuhalten. Es gibt, erstens, keinen Ersatz für eine intelligente und gründlich evaluierte Auswahl der Methodologie (d. h. der zu verwendenden Methoden) sowie eine sorgfältige Interpretation der Ergebnisse. Ausgeklügelte Computer-basierte statistische Verfahren können uns bei unseren Versuchen zur Messung der Korruption unterstützen, sie sind aber keine Alternative zu einer klaren und vertretbaren Konzeptbildung.

Zweitens sind nahezu alle hier vorgestellten Methoden in der wissenschaftlichen Untersuchung von Korruption relativ neu. Obwohl es in den 1980er Jahren inzwischen eine kleine Zahl von Wirtschaftsanalysen gab, welche die Korruptionsniveaus einzelner Länder erfassten, wie etwa den International Country Risk Guide (Internationaler Führer zu Länderrisiken), waren diese weder weitverbreitet noch in dem Maße explizit auf Korruption fokussiert wie die Erhebungen, die in den 1990er und 2000er Jahren erstmals entstanden. Der erste CPI wurde 1995 veröffentlicht, der erste GCB 2003, die erste Erhebung zur Nachverfolgung wurde 1996 durchgeführt, während die ersten Ergebnisse der experimentellen Forschung im Jahr 2000 veröffentlicht wurden. Und die jüngste Version der Inhaltsanalyse wurde erst durch das Aufkommen von web-basierten Quellen ermöglicht. Wir können daher nicht sicher sein, dass es wirklich eine »Eruption der Korruption« in jüngster Zeit gegeben hat; wir *können* jedoch sicher sein, dass das Bewusstsein über diese Thematik dramatisch gewachsen ist.

Schließlich werfen uns Kritiker der Versuche, Korruption zu messen, häufig vor, dass unsere Verfahren nicht nur unvollkommen, sondern sogar kontraproduktiv sind. So könnten potenzielle Geldgeber sich gegen Hilfen für ein Land entscheiden, weil mit verschiedenen Methoden gezeigt wurde, dass seine Eliten ohnehin das meiste davon absahnen. Erfreulicherweise ist den zwei führenden Institutionen zur Bekämpfung der Korruption – Transparency International und der Weltbank – voll bewusst, dass eine Kürzung von Hilfsleistungen für hochgradig korrupte Länder vermutlich denen mehr schadet, die sie am dringendsten benötigen, als den korrupten Eliten. Sie behandeln diese Probleme daher auf ganz konkrete und dennoch sensible Weise; Erhebungen zur Nachverfolgung sind nur eine von vielen möglichen Lösungen.

Wir befinden uns in einem frühen Stadium der empirischen Erforschung von Korruption, und es ist nicht überraschend, dass es noch viele Kinderkrankheiten gibt. Insbesondere fällt uns die Messung von Korruption in großem Maßstab nach wie vor schwer. Aber unsere Instrumente werden laufend verfeinert, wovon die begrüßenswerten Änderungen des CPI aus dem Jahr 2012 zeugen. Letzten Endes ist eine unvollkommene, aber sich laufend verbessernde Messung besser als überhaupt keine Messung, was den Korrupten in die Hände spielen würde.

4 Psychosoziale und kulturelle Erklärungen

Jeder ernsthafte Versuch zur Erklärung von Korruption muss ganzheitlich sein. Menschen sind aus einer Vielzahl von Gründen korrupt, und selbst wenn es ein erkennbares Hauptmotiv gibt, so unterscheidet sich dieses von einer Person oder Gruppe zur anderen. Es wäre daher naiv anzunehmen, dass es eine zugrunde liegende allgemeine Erklärung gibt, wie etwa Gier oder Gelegenheit. Dennoch müssen wir die verschiedenen Faktoren identifizieren, die in unterschiedlichen Kombinationen Korruption erklären; ansonsten werden Versuche zur Kontrolle der Korruption vergeblich sein. In diesem Kapitel liegt der Schwerpunkt auf Individuen, ihrer Beziehung zur Gesellschaft und auf der Frage, in welchem Verhältnis Kulturen zu Korruption stehen können. Lediglich im Interesse einer klaren Darstellung werden die Einflussfaktoren isoliert betrachtet; in der Realität interagieren sie, überlappen und verbinden sich auf komplexe Weise miteinander.

Diese Feststellung über Interaktivität erklärt den in diesem und im folgenden Kapitel zur Analyse gewählten theoretischen Rahmen. Der Ansatz basiert auf Anthony Giddens' Theorie der Strukturierung (oder Strukturationstheorie), die behauptet, dass wir menschliche Aktivitäten nicht vollständig entweder als individuelle Wahlfreiheit und Handlungen (Handlungsfähigkeit) oder als völlig bestimmt von der Umwelt, in der wir leben (Struktur), erklären können. Vielmehr treffen Personen eine bestimmte Wahl oder Entscheidungen teilweise auf der Grundlage ihres eigenen freien Willens und teilweise im Rahmen des Umfeldes, in dem sie leben. Diese Auffassung von Interaktivität liegt der folgenden Analyse zugrunde, wenn auch meist nur implizit.

Psychosoziale Faktoren

Bevor wir psychosoziale Erklärungen untersuchen, müssen wir verstehen, was dieser Begriff bedeutet. Der erste Teil des Wortes bezieht sich auf das Individuum: Die Psychologie – das Studium der Seele – hinterfragt, wie und warum Individuen auf eine bestimmte Art und Weise denken und sich so verhalten, wie sie sich verhalten. Umgekehrt richtet die Soziologie den Blick darauf, wie Gesellschaften strukturiert sind und wie sie funktionieren. Ein psychosozialer Ansatz kombiniert die beiden: Er untersucht Individuen und ihre Interaktion mit dem gesellschaftlichen Kontext.

Obwohl die Psychologie sich auf das Individuum konzentriert, ist die wohlbekannte metaphysische Maxime des Dichters John Donne, dass »kein Mensch eine Insel ist«, sehr passend, wenn wir Einflussfaktoren betrachten, die als rein persönlich eingestuft werden könnten. Wenn wir unsere Analyse etwa damit beginnen, dass wir »Gier« als einen erklärenden Faktor identifizieren, so sollte es offensichtlich sein, dass sogar das nicht völlig von seinem sozialen Zusammenhang losgelöst werden kann. »Mehr« zu wollen, bezieht sich auf die Normen einer bestimmten Gesellschaft; viele Gegenstände, die als absolute Grundausstattung einer wohlhabenden Gesellschaft gelten, wie zum Beispiel ein Kühlschrank oder ein Computer, würden in einer armen Gesellschaft als Luxusgüter angesehen werden.

Unser zweiter Einflussfaktor hat ebenso einen Bezug zur Stellung des Individuums in der Gesellschaft; es ist die Notwendigkeit von Respekt oder Anerkennung durch andere. In seinem Buch *Das Ende der Geschichte. Wo stehen wir?* bezieht sich Francis Fukuyama auf unser grundlegendes Bedürfnis nach *Thymos* – einen von Hegel übernommenen Gedanken –, das altgriechische Wort für das menschliche Verlangen nach Anerkennung. Auf ganz ähnliche Weise bezieht sich der Sänger Phil

Collins in »Both Sides of the Story« (»Die zwei Seiten der Geschichte«) auf ein Straßenkind, das einen Revolver trägt, weil es ohne Schusswaffe von niemandem respektiert wird. Wenn Korruption (z. B. das Annehmen von Bestechungsgeldern) mehr Kaufkraft und das damit einhergehende Prestige bedeutet oder einem Individuum ein Gefühl von Macht über andere gibt (z. B. indem er sie protegiert), dann kann sie zumindest teilweise als *Thymos* interpretiert werden.

Dass manche Individuen wegen ihrer eigenen Strebsamkeit korrupt werden, steht im Zusammenhang mit dem vorangehenden Argument. Wenn es den Anschein hat, dass Aufstiegsmöglichkeiten blockiert sind, dann kann Korruption – wie zum Beispiel die Zahlung von Bestechungsgeld, um zu einer Universität zugelassen zu werden, was dann zu einer »erlernten« Reaktion gegenüber Hindernissen wird, sobald man eine Machtposition erreicht hat – ambitionierte Individuen dabei unterstützen, Hürden zu umgehen.

Um zu erklären, warum manche Menschen in das organisierte Verbrechen hineingeraten, prägten James Finckenauer und Elin Waring den Begriff »Verlierer-Mentalität« (»sucker mentality«), was in etwa bedeutet, dass eine Person, die vom vorherrschenden Wertesystem als Außenseiter behandelt wird, dumm wäre, entsprechend den Werten dieses Systems zu leben. Ein ähnliches Argument gilt hinsichtlich der Korruption. Wenn ein Mitglied einer ethnischen Minderheit, die von der Mehrheit diskriminiert wird, eine Machtposition erreicht und das nicht zu seinem persönlichen Vorteil nutzt, könnte man ihn als Verlierer (oder »sucker«) ansehen. Eine Variante davon ist, dass jemand korrupt wird, um gegen Langeweile und Routine in seinem Leben anzukämpfen – die einfach hinzunehmen eine andere Dimension der »Verlierer-Mentalität« wäre – und den Nervenkitzel bei der Verletzung von Vorschriften zu erleben.

Eine weitere Theorieder Kriminalität, die zu einem besseren Verständnis von Korruption beitragen kann, ist die Opportunitätstheorie. Wie schon der Name sagt, behauptet dieser Ansatz, dass Menschen oft sich bietende Gelegenheiten nutzen – zum Beispiel, wenn man »zur richtigen Zeit am richtigen Ort ist«. Diese Theorie kann man mit der Theorie der rationalen Entscheidung in Zusammenhang bringen, die für die Zwecke unserer Diskussion am besten als Kosten-Nutzen-Analyse verstanden werden kann. Wenn die Wahrscheinlichkeit, erwischt zu werden, gering ist und eine hohe Wahrscheinlichkeit besteht, dass man ohnehin nur eine geringe Strafe erhält, wenn man erwischt und verurteilt wird, dann würde der potenziell hohe Ertrag ein (unmoralisches) Individuum, das sein eigenes Interesse maximieren will, dazu verführen, sich an einer korrupten Handlung zu beteiligen.

Auf die eine oder andere Art sind alle bisher eingehend dargestellten Faktoren für eine Person positive Anreize. Es gibt aber auch negative Anreize. Einer davon ist das Gefühl der Unsicherheit. Das ist manchmal rein psychologisch ein Resultat der eigenen Persönlichkeit eines Individuums, die auf eine in der Kindheit erlebte Unsicherheit hinweisen könnte. Ein anderer bezieht sich jedoch auf die derzeitige Situation des Individuums in der Gesellschaft. Wenn die Arbeitslosigkeit ansteigt oder die Regierung gerade angekündigt hat, die Zahl der öffentlich Bediensteten wesentlich zu reduzieren, könnten manche von ihnen versuchen, aus ihrem Amt Vorteile zu ziehen, nicht aus Ehrgeiz oder Egoismus, sondern um finanzielle Mittel zu sammeln, solange das noch geht. Man könnte das als »Eichhörnchen-Syndrom« bezeichnen.

Das vorangehende Argument leitet ganz gut zum nächsten über, und zwar zur Frage der Bedürftigkeit. In vielen ärmeren Staaten – zum Beispiel jenen, die sich in einer Situation nach einer Revolution oder einem Konflikt befinden – werden Beamte nicht vollständig entlohnt oder erst spät oder in Extremfällen überhaupt nicht. Unter diesen Umständen ist, zumindest anfänglich, Korruption ein Mechanismus zum Überleben.

Ein dritter negativer Anreiz ist Druck von außen, entweder von Arbeitskollegen oder Vorgesetzten oder vielleicht von einem Partner. Was das erste betrifft, so zeigten Forschungen über Polizeikorruption, dass Polizisten, die in korrupte Einheiten kommen, häufig auf verschiedene Art und Weise unter Druck gesetzt werden, sich an den korrupten Aktivitäten der Einheit zu beteiligen; wenn sie sich weigern, können sie geächtet oder mit Vergeltungsmaßnahmen, einschließlich Gewalt, bedroht werden. Wenn sie jedoch die Korruption ihrer Kollegen nicht an die Öffentlichkeit bringen, machen sie sich mitschuldig und sind in diesem Sinne selbst korrupt. Diese Form der Korruption beruht jedoch letztlich auf Angst und nicht auf dem Verlangen nach mehr Macht oder materiellem Wohlstand.

Angst kann auch erklären, warum manche Polizisten organisierte Kriminalität, von der sie Kenntnis haben, nicht anzeigen. Kriminelle Banden drohen bisweilen, den Kindern oder Partnern der Polizeibeamten Schaden zuzufügen, wenn die Polizisten ihre Aktivitäten anzeigen. In diesen Fällen sind die Polizisten dennoch korrupt, da sie ihre Funktion aus persönlichen Gründen missbrauchen (d. h., sie stellen ihre Familie über die Pflicht gegenüber dem Staat und der Gesellschaft). Wenn in diesen Fällen die Inaktivität des Beamten aufgedeckt und er verfolgt wird, sollten die Richter oder Vorgesetzten des Polizisten ihn nachsichtig behandeln, da es sich um ein Beispiel für weiße oder graue Korruption handelt.

Eine andere Art des Verhaltens hängt ebenfalls mit Angst zusammen, würde jedoch im Allgemeinen als entweder graue oder schwarze Korruption wahrgenommen werden. Dies liegt dann vor, wenn eine Person in verantwortungsvoller Stellung ihre Position wegen einer Erpressung missbraucht, die häufig auf eine gestellte Falle zurückgeführt werden kann. Ein Beispiel dafür liefert ein chinesischer Finanzminister, der im August 2007 zurücktrat, angeblich – die chinesischen Behörden waren über die Gründe bemerkenswert schweigsam – wegen der Aufdeckung einer Affäre, die er mit einer Frau hatte, die für den Geheimdienst Taiwans arbeitete. Diese Art der Falle wird »Stellen einer Honigfalle (oder eines Honigtopfs)« genannt.

Eine weitere kriminologische Theorie, die dazu beitragen kann, die Gründe für Korruption zu verstehen, ist die Etikettierungstheorie. In ihrer ursprünglichen Form ist sie vor allem mit dem Namen Howard Becker verbunden; eine spätere Theorie, John Braithwaites Ansatz des »reintegrative shaming« (in etwa: »der reintegrativen Beschämung oder Anprangerung«), hängt damit eng zusammen. Diese Theorie besagt im Wesentlichen, dass eine Person, die vom Staat oder von der Gesellschaft einmal als kriminell etikettiert (oder angeprangert) wurde, kriminell bleiben wird, außer es werden Schritte zur Wiedereingliederung unternommen. Es wird daher argumentiert, dass es besser ist, einen Ersttäter nicht als einen Kriminellen zu behandeln, zumindest im Fall eines nicht allzu schweren Vergehens, wenn man nicht will, dass die Kriminalitätsraten steigen; Reintegration ist besser als Entfremdung. Dieses Argument kann modifiziert und auf Korruption angewendet werden. Wenn zum Beispiel die Medien ständig behaupten, dass die Zollbeamten korrupter sind, als es tatsächlich der Fall ist, dann kann es durchaus sein, dass Zöllner, die bisher nicht korrupt handelten, nun damit beginnen – nach dem Motto »sie trauen uns ohnehin nicht, also zum Teufel damit!«. Die Wahrnehmung, dass einem nicht getraut wird, kann ein starker Antrieb zur Regelverletzung sein.

Bislang lag der Schwerpunkt auf Faktoren, die erklären können, warum Individuen korrupt werden. Eine letzte Theorie, die wir von gängigen Kriminalitätstheorien entlehnen können, widmet sich der Frage, warum sich *nicht mehr* Menschen an antisozialen Aktivitäten beteiligen. Schließlich sollte es doch, wenn die Theorie der rationalen Entscheidung korrekt ist, *mehr* Korruption geben, solange die negativen Anreize die positiven nicht klar überwiegen.

Travis Hirschi entwickelte in seinem Buch aus dem Jahr 1969 die »Kontrolltheorie«, die in ihrer Originalfassung besagt, dass die Stärke der Bindung zur eigenen Gruppe ein wichtiger Erklärungsfaktor für das Verhalten ist. Angenommen, die Gruppe ist grundsätzlich gesetzestreu (in einem weiten Sinn), dann wird eine enge Bindung zwischen dem Individuum und der Gruppe als Kontrollinstanz über das Individuum wirken. Im Gegensatz dazu wird eine schwache Bindung bedeuten, dass das Individuum wahrscheinlich eher seine Interessen verfolgen wird, ohne sich um deren Auswirkungen auf die anderen zu kümmern. In einer späteren Untersuchung tat sich Hirschi mit Michael Gottfredson zusammen und entwickelte etwas, das sie kühn als Allgemeine Theorie der Kriminalität (General Theory of Crime) bezeichneten. Auch hier liegt der Schwerpunkt auf Kontrolle, diesmal allerdings mehr auf der Selbstkontrolle des Einzelnen. Da sie jedoch argumentieren, dass die Selbstkontrolle des Individuums teilweise das Ergebnis eines Sozialisierungsprozesses ist, wird klar, dass ihr Ansatz gut mit dem hier vertretenen Strukturationsansatz zusammenpasst. Es sollte auch offensichtlich sein, dass die Kontrolltheorie zur Erklärung beiträgt, warum nicht mehr Amtspersonen aus ihrer Stellung einen missbräuchlichen Vorteil ziehen.

Bevor wir uns von den psychosozialen Erklärungen abwenden, verbleibt eine, die ganz bestimmt relevant ist, die man aber im Grunde unmöglich beweisen kann, nämlich das Konzept der angeborenen Moral. Zahlreichen Philosophien und Religionen zufolge werden wir alle mit einem immanenten Sinn für Richtig und Falsch geboren, wobei die gesellschaftlichen Rahmenbedingungen das Ausmaß bestimmen, in dem wir uns in die eine oder andere Richtung entwickeln.

Kulturelle Erklärungen

Woher kommt es, dass die Staaten Nordwesteuropas anscheinend viel niedrigere Korruptionsniveaus haben als jene in Südosteuropa oder dass die meisten europäischen Länder anscheinend niedrigere Korruptionsniveaus haben als die meisten lateinamerikanischen oder afrikanischen Länder? Wieso haben innerhalb Lateinamerikas Barbados, Chile und Uruguay anscheinend weniger Korruption als andere Länder in der Region, und warum ist Botswana der Star – als der am wenigsten korrupt wahrgenommene Staat – unter den Ländern südlich der Sahara? Einige Forscher haben versucht, das durch kulturelle Unterschiede zu erklären. Wie erinnerlich, umfasst Kultur in diesem Zusammenhang die vorherrschenden Überzeugungen, Einstellungen und das Verhalten einer Gesellschaft. Das kann mit dem Einfluss religiöser und philosophischer Traditionen zusammenhängen, aber auch damit, wie viel Vertrauen es gibt, ob ein Land jemals kolonisiert war oder nicht und ob es in jüngerer Zeit eine Diktatur war oder nicht.

Wenn wir mit den religiösen und philosophischen Traditionen beginnen, so gibt es deutliche Korrelationen zwischen den Niveaus der wahrgenommenen Korruption, gemessen zum Beispiel am CPI (siehe Kapitel 3), und der vorherrschenden Religion. So werden protestantische Staaten tendenziell als weniger korrupt wahrgenommen als katholische Staaten, die ihrerseits wieder weniger korrupt sind als orthodoxe Länder – während christliche Länder insgesamt scheinbar weniger korrupt sind als muslimische.

Es gibt einige interessante und einfallsreiche Vorschläge, warum protestantische Länder der Tendenz nach weniger korrupt sind als katholische, von historisch begründeten Theorien – Protestantismus entstand als Reaktion auf die Korruption in der Katholischen Kirche, und diese Abscheu vor Korruption hat sich durch die Jahrhunderte fortgesetzt – bis hin zur Tatsache, dass

Katholiken ihre Sünden durch die Beichte loswerden können, während Protestanten für ihre Sünden persönlich Verantwortung übernehmen müssen. Eine andere Erklärung, die von Forschern wie Ronald Inglehart vorgebracht wurde, ist die, dass stärker hierarchische Systeme zu mehr Korruption neigen, und der Katholizismus ist hierarchischer als der Protestantismus.

Es kann sich aber auch um Scheinkorrelationen handeln, und die Muster können sehr wohl irreführend sein. So sind zum Beispiel das BIP pro Kopf, das Niveau der Demokratie, Vertrauensniveaus und die Qualität der Regierungsführung mit der wahrgenommenen (und erlebten geringfügigen) Korruption mindestens ebenso stark korreliert wie die religiöse oder philosophische Kulturvariable. Woher kommt es, dass die vier vorwiegend chinesisch geprägten Länder mit ähnlichen traditionellen philosophischen Kulturen – China, Hongkong, Singapur und Taiwan – offensichtlich so unterschiedliche Korruptionsniveaus haben? Vielleicht hilft es uns bei der Erklärung weiter, dass Hongkong und Singapur kleine politische Einheiten sind, während China riesig ist? Zweifellos sind Staaten mit einer relativ kleinen Bevölkerung in der CPI-Kategorie »am wenigsten korrupt« am stärksten vertreten, was ein Hinweis darauf ist, dass die Größe eines Staates irgendwie mit der Kultur der Korruption zusammenhängt. Es gibt aber auch kleine Länder in der korruptesten Kategorie – was uns dazu zwingt, diese Annahme zu überdenken oder zumindest zu verfeinern.

Ein Wissenschaftler, der die Hypothese, dass religiöse Traditionen zur Erklärung beitragen oder zumindest eng mit unterschiedlich wahrgenommenen Korruptionsraten korreliert sind, ist Daniel Treisman. In einer hervorragenden Analyse der Gründe für Korruption hat er herausgefunden, dass – während der Protestantismus gut mit niedrigen Korruptionsniveaus korreliert – es keine erkennbaren starken Korrelationen im Fall anderer religiöser Traditionen gibt.

Ein zweiter kultureller Wert, der in der Literatur oft erwähnt wird, sind die Einstellungen zu Familie und Staat. Nach diesem Argument sind in Kulturen, in denen Loyalität zu den eigenen Verwandten (Familialismus) und Freunden Vorrang gegenüber der Loyalität zum Staat hat, bestimmte Formen der Korruption, insbesondere soziale, weiter verbreitet als in weniger familienorientierten Kulturen. Wie bei vielen Aspekten der Sozialforschung werden auch hier Definition und Messung des Grades an Familialismus die Ergebnisse eines Forschungsvorhabens beeinflussen. Sicherlich scheinen Länder, in denen der erweiterten Familie eine größere Bedeutung zukommt als in individualistischen Kulturen, im Allgemeinen höhere Korruptionsraten zu haben, so dass dieser Faktor die Unterschiede zwischen Nordwest- und Südosteuropa zum Teil erklären könnte (ebenso den vorher festgestellten Unterschied zwischen Protestantismus und Katholizismus). Man muss hier jedoch vorsichtig vorgehen, da die meisten Messtechniken eher auf wirtschaftliche als auf gesellschaftliche Korruption ausgerichtet sind. Während durchaus eine Korrelation zwischen hohen Niveaus ökonomischer und gesellschaftlicher Korruption bestehen könnte, so muss dies doch empirisch untersucht werden.

Die vorherrschenden Einstellungen gegenüber der Familie, dem Staat und Behörden haben einen Bezug zur Legitimität eines Staates. Wo die Allgemeinheit dem Staat vertraut und einem Regime ein hohes Maß an Rechtmäßigkeit zubilligt, gibt es wahrscheinlich weniger Korruption. Es sollte jedoch ziemlich offensichtlich sein, dass es sich hier um ein Henne-Ei-Problem handelt; Bürger werden den Behörden mehr trauen, wenn die Mehrzahl ihrer Beamten als ehrlich eingestuft wird. Eric Uslaner hat gezeigt, dass es jedoch nicht nur das Ausmaß an Vertrauen in die Behörden ist, das mit den wahrgenommenen Korruptionsniveaus korreliert; wie sehr wir anderen Menschen vertrauen, vor allem jenen, die wir nicht kennen, ist ebenfalls eine Einflussgröße. Grundsätzlich korrelieren niedrige Niveaus von gesellschaftlichem Vertrauen mit höheren Niveaus an Korruption.

Unsere fünfte Variable konzentriert sich auf die Auswirkungen der Vergangenheit auf gegenwärtige Einstellungen und Verhaltensweisen. Manche argumentieren, dass ehemalige Kolonien stärker für Korruption anfällig sind. Das Argument folgt dabei verschiedenen Linien. Leigh Gardner behauptet, dass die kolonialen Verwaltungen im Allgemeinen nicht in der Lage waren, Steuern selbst einzuziehen, und sich daher auf lokale Steuereintreiber verließen, die häufig Bestechungsgelder von der lokalen Bevölkerung annahmen, anstatt die entsprechenden Steuern einzuziehen; als sich die Kolonialmächte aus der Kolonie zurückzogen, war diese Praxis inzwischen fest verwurzelt und wurde in der post-kolonialen Zeit fortgesetzt. Eine andere Sichtweise auf die Wirkung des Kolonialismus stellt fest, dass die staatlichen Behörden von der lokalen Bevölkerung lange Zeit als von außen aufgezwungen und daher als illegal betrachtet wurden, weshalb sowohl die Bürger als auch die lokalen Beamten keine Bedenken hatten, den Staat zu hintergehen; auch diese Einstellung wurde in die post-koloniale Situation übernommen.

Wenn die Auswirkung des Kolonialismus auch oft zur Erklärung des Korruptionsniveaus beitragen mag, so sind seiner Überzeugungskraft doch Grenzen gesetzt. Das Argument muss zumindest verfeinert werden. So gibt es zum Beispiel Hinweise darauf, dass ehemalige britische Kolonien im Allgemeinen – nennenswerte Ausnahmen sind Nigeria und Pakistan – weniger korrupt sind als ehemalige französische oder portugiesische Kolonien, was vielleicht darauf hinweist, dass der Grad an Legitimität während der Kolonialzeit variierte. Ein weiteres Argument ist, dass bestimmte imperialistische Mächte, wie Russland innerhalb der UdSSR, selbst als hoch korrupt wahrgenommen wurden, so dass viele in einer vermeintlichen Kolonie – wie Estland – Korruption scheuten, um nicht den Anschein zu erwecken, sich auf das Niveau der Kolonialmacht »herabzulassen«.

Ein Erbe, das viele Kolonialmächte ihren ehemaligen Kolonien hinterließen, sind die Rechtssysteme. Diese werden häufig auf einfache duale Weise in ein Gewohnheitsrechtssystem und Zivilrechtssystem unterteilt. Das erste basiert auf Präzedenzfällen und ist für anglophone Länder charakteristisch, während letzteres auf einem geschriebenen Gesetzestext beruht und in Kontinentaleuropa vorherrschend ist. Es wurde behauptet, dass es in Ländern mit einem Gewohnheitsrechtssystem normalerweise weniger Korruption gibt als in Ländern mit einem Zivilrechtssystem. Das hängt damit zusammen, dass die Gerichte bei ersterem der Tendenz nach unabhängiger von den politischen Eliten sind, wodurch sie weniger anfällig sind, sich auf gesellschaftliche Korruption wie zum Beispiel Protektion einzulassen. Auch ist das Rechtssystem in Staaten mit Zivilrecht weniger transparent, zum Teil weil die Rolle der Allgemeinheit – die als Kontrollinstanz für möglicherweise bestechliche Richter auftreten kann – wegen der Seltenheit von Schwurgerichtsverfahren eingeschränkt ist.

Andererseits ist es gerade in einem Gewohnheitsrechtssystem wegen der üblicherweise größeren Unabhängigkeit von den politischen Eliten für die Gerichte einfacher, mit der Annahme von Bestechungsgeldern aus dem privaten Sektor davonzukommen. Susan Rose-Ackerman von der Yale University argumentiert daher sehr klug, dass beide Systeme Korruption fördern können; ob das zu einem charakteristischen Merkmal der Gerichtsbarkeit wird oder nicht, hängt weniger von den institutionellen Bedingungen ab als von den Werten und Einstellungen der Richter selbst (von der Rechtskultur – siehe Abbildung 4). Diese hängen normalerweise ihrerseits mit der allgemeinen Kultur des Landes zusammen, in dem die Richter leben – den vorherrschenden Einstellungen der Gesellschaft zur Korruption.

Dieser Hinweis auf die Rechtskultur führt zur breiteren Thematik der vorherrschenden Grundeinstellung innerhalb einer Gesellschaft gegenüber dem Recht – ob es eine Kultur der Rechtsstaatlichkeit gibt oder nicht. Inzwischen gibt es hinreichende Belege dafür, dass eine gut entwickelte Kultur der Rechtsstaatlich-

4 Korrupte Rechtspraxis ist nichts Neues

keit eng mit niedrigen Korruptionsniveaus korreliert. Umgekehrt korrelieren hohe Niveaus an Willkür stark mit hohen Niveaus an Korruption.

Willkürliches Verhalten des Staates ist bei weitem typischer für autoritäre Länder als für demokratische. Genauso wie Erfahrungen aus der kolonialen Vergangenheit einigen Einfluss auf die Einstellung zur – und damit das Ausmaß von – Korruption in der jeweiligen Gesellschaft haben können, so kann auch die Erfahrung mit einem autoritären oder totalitären System ein Erbe hinterlassen, das sich auf die gegenwärtigen Werthaltungen auswirkt. So begünstigten kommunistische Systeme verschiedene Bewältigungsmechanismen, teilweise wegen der Knappheit an Konsumgütern. Schmiergelder konnten den Zugang zu knappen Gütern sichern. Eine andere übliche Vorgangsweise war *blat*, das im ersten Kapitel kurz behandelt wurde. Gemäß Alena Ledenevas klassischer Analyse dazu bezeichnet *blat*

»die Verwendung persönlicher Netzwerke und informeller Kontakte, um knappe Güter und Dienstleistungen zu erhalten und Möglichkeiten zu finden, die formalen Abläufe zu umgehen. Es ist nahezu unmöglich, das Wort direkt zu übersetzen.«

Ein weiterer Grund, warum Bürger der UdSSR und anderer kommunistischer Gesellschaften ausgeklügelte Verfahren zur Umgehung des Systems entwickelten, war der, dass es sich um ein äußerst geschlossenes System handelte. In Übereinstimmung mit Lenins Sichtweise, dass die kommunistischen Parteien aus Personen mit dem höchsten politischen Bewusstsein bestanden (die »Avantgarde« der Gesellschaft), waren sie theoretisch in ihren Aufnahmebedingungen äußerst selektiv; wollte man sich Aufstiegschancen im System sichern, war jedoch ein Beitritt zur Partei immer notwendig. Daher waren viele Menschen bereit, übertrieben enge Beziehungen zu anderen zu pflegen, von denen sie glaubten, dass sie ihre Karrieren unterstützen könnten.

Viele heutige Staaten, die niemals unter kommunistischer Herrschaft standen, aber entweder autoritär regiert wurden oder noch immer werden, haben ebenfalls Eigenschaften, welche die Entwicklung einer Kultur der Korruption begünstigen. Die meisten sind ehemalige Kolonien, und die Auswirkung des kolonialen Erbes wurde schon behandelt. Außerdem geben die Eliten in einem autoritären System typischerweise ein schlechtes Beispiel ab, indem sie das Vermögen eines Landes abschöpfen und es auf undurchsichtige Offshore-Bankkonten beiseiteschaffen, während sie den Bürgern zugleich das Recht verweigern, diese Praktiken öffentlich zu untersuchen und zu kritisieren; schon das bloße Vorhandensein eines solchen Systems reduziert das Vertrauen der Bevölkerung und damit dessen Legitimität. Bürger und Beamte haben daher weniger Schuldgefühle, die Regeln des Systems zu verletzen und seine Vorteile auszunützen, sobald sich eine Gelegenheit dazu bietet.

Eines der einfallsreicheren Beispiele der empirischen Korruptionsforschung aus jüngster Zeit bekräftigt die Auffassung, dass Beamte in einigen Ländern viel korrupter sind als ihre Kollegen anderswo. Raymond Fisman und Edward Miguel untersuchten das gesetzwidrige Parken von Diplomaten in New York City zwischen 1997 und 2005 und kamen zu dem Schluss, dass »es eine starke Korrelation zwischen illegalem Parken und den Maßnahmen gegen Korruption im Heimatstaat gibt. Selbst wenn Diplomaten Tausende Meilen entfernt eingesetzt sind, verhalten sie sich auf eine Art und Weise, die stark an Beamte in ihrem Heimatland erinnert«. Das stellt ganz sicher eine kulturelle Interpretation von Korruption dar.

Gesellschaftliche Konstruktion von Korruption

Jede umfassende Analyse der Korruptionskultur in einem bestimmten Kontext (Land oder Region) muss berücksichtigen, in welchen interpretatorischen Rahmen das Thema Korruption gestellt bzw. wie es konstruiert wird. Forscher wie András Sajó behaupten, dass das »Problem« der Korruption in vielen Schwellenländern (implizit gilt dies auch für Entwicklungsländer) von scheinheiligen westlichen Ländern wegen ihrer ureigenen Interessen übertrieben wird. Während nicht geleugnet werden kann, dass es jede Menge an Korruption in entwickelten Staaten gibt, so geht Sajó wahrscheinlich doch zu weit, wenn er behauptet, dass Bürger in Schwellenländern sich weniger Sorgen wegen Korruption machen, als westliche Kritiker behaupten; Umfrageergebnisse zeigen, dass er das Ausmaß der öffentlichen Indifferenz gegenüber Korruption übertreibt.

Es gibt jedoch einen anderen Aspekt der gesellschaftlichen Konstruktion von Korruption, der es verdient, erwähnt zu werden. Einige Kommentatoren haben zu Recht die Tatsache hervorgehoben, dass korrupte Beamte eher milder behandelt werden als »reguläre« Kriminelle, und haben dies in Beziehung dazu gesetzt, mit welcher Art von Begriffen wir verschiedene Vergehen bezeichnen. So wird organisierte Kriminalität im Allgemeinen als typisch für die »Unterwelt« angesehen, während Wirtschaftskriminalität im weiteren Sinn, einschließlich vieler Formen der Korruption, als Kriminalität der »Oberschicht« behandelt wird. Ein Einbrecher mag einer Handvoll von Menschen Geld wegnehmen – und sie damit traumatisieren –, das Verhalten eines korrupten Beamten (oder Managers, wenn wir die weite Definition von Korruption verwenden) kann dagegen ernsthafte negative Auswirkungen auf Hunderte, Tausende oder – in seltenen Fällen – Millionen von Menschen haben, so dass die jeweiligen Bestrafungen angesichts der Folgen des Verbrechens völlig unangemessen sein können. Die vorherrschenden Einstellungen der Gesellschaft – Kultur –, welche die Kriminalität der Oberschicht als irgendwie weniger schwerwiegend behandelt als die Kriminalität der Unterwelt, können zur Erklärung beitragen, warum die Strafen für erstere typischerweise weniger schwer ausfallen als für letztere; geringe Bestrafung bedeutet weniger Abschreckung für Beamte, die Regeln zu brechen.

Es wurde gezeigt, dass zahlreiche Merkmale sowohl der Individuen als auch der Kulturen zu unserem Verständnis verschiedener Grade und Arten von Korruption in unterschiedlichen Ländern beitragen können. Wir müssen jedoch vorsichtig sein, diese Erklärungen nicht zu weit auszureizen; Länder mit ähnlichen Religionen können zum Beispiel sehr unterschiedliche Korruptionsniveaus haben, und viele junge Menschen haben traumatisierende Erfahrungen gemacht, verhalten sich jedoch als Erwachsene weder kriminell noch auf andere Weise ernstlich asozial.

Ein letzter Aspekt ist, dass wir uns auch davor hüten müssen, die Behauptungen der Eliten – oder sogar von Wissenschaftlern – allzu bereitwillig zu akzeptieren, dass das, was von außen als »Korruption« kritisiert wird, einfach Teil der Kultur eines

Landes ist und dass es für andere unangebracht ist, »traditionelle Gepflogenheiten« zu verurteilen. Der malaysische Soziologe Syed Hussein Alatas, Autor einer Reihe von Büchern über Korruption, kritisierte zum Beispiel Leute aus der westlichen Welt, die argumentierten, dass Korruption in Entwicklungsländern in höherem Maße tolerierbar sei als in entwickelten Ländern, weil sie einfach Teil ihrer Kultur sei. Für Alatas war so ein Standpunkt herablassend, und er rief zu einer weltweiten Verurteilung von Korruption auf.

5 Systembezogene Erklärungen

Erklärungen für Korruption, die sich allein auf das Individuum konzentrieren, sind unvollständig; wir alle sind den Rahmenbedingungen, innerhalb derer wir leben und arbeiten, unterworfen und durch sie geprägt. Da Kultur bereits behandelt wurde, stehen strukturelle und systembezogene Faktoren im Mittelpunkt dieses Kapitels; zur analytischen Klarheit werden sie in ökonomische und politische Faktoren unterteilt.

Ökonomische Faktoren

In jüngster Zeit sind mehrere Aspekte ökonomischer und politischer Systeme identifiziert worden, die mit Korruptionsniveaus korrelieren. Einer der meistuntersuchten ist der Umfang, in dem der Staat an der Wirtschaft beteiligt ist. Dieses Argument wurde neben anderen von Vito Tanzi vom IWF formuliert. Vereinfacht ausgedrückt besagt es, dass es umso mehr Korruption geben wird, je mehr der Staat an der Wirtschaft beteiligt ist. Intuitiv erscheint so ein Argument glaubwürdig; schließlich bringt eine größere Beteiligung des Staates an der Wirtschaft normalerweise sowohl eine größere Bürokratie mit sich als auch ein höheres Maß an Interaktion zwischen öffentlich Bediensteten und Wirtschaftstreibenden – beides ist der Korruption förderlich. Häufigere Einmischung des Staates bedeutet meist mehr Gelegenheiten für Beamte, ein Einkommen ohne Arbeit zu erzielen (»rent-seeking«) – was in diesem Zusammenhang bedeutet, dass sie sich ein zusätzliches, ungerechtfertigtes Einkommen durch den »Verkauf« von Entscheidungen sichern, die eine Person oder ein Unternehmen begünstigen, die ihrerseits bereit sind, dafür zu zahlen.

Forschungen von John Gerring und Strom Thacker ergaben jedoch, dass es keine eindeutige Korrelation zwischen der Größe des Staatsapparates oder dem Ausmaß, in welchem der Staat im Hinblick bei der Vergabe von Betriebsgenehmigungen und der Durchsetzung bestimmter unternehmerischer Verhaltensregeln in die Wirtschaft eingreift, und den Korruptionsniveaus gibt. Das World Economic Forum gibt einen jährlichen Bericht über die globale Wettbewerbsfähigkeit der Volkswirtschaften heraus (Globaler Bericht zur Wettbewerbsfähigkeit, Global Competitiveness Report, GCR), der zum Teil darauf beruht, wie viele Genehmigungen und sonstiger staatlich verordneter Verwaltungsaufwand erforderlich sind, um ein Unternehmen zu gründen. Die Rangordnungen der obersten und untersten zehn Länder im CPI des Jahres 2012 können mit ihren Rängen im »Index der Belastung durch staatliche Vorschriften« (Burden of Government Index) verglichen werden, um die geringe Korrelation zu veranschaulichen. (Die Frage lautete: »Wie arbeitsaufwendig ist es in ihrem Land für ein Unternehmen, die staatlichen administrativen Erfordernisse zu erfüllen [z. B. Genehmigungen, Vorschriften, Berichtslegung – je niedriger der Rang, umso weniger arbeitsaufwendig]?«)

Tabelle 3 zeigt, dass das Korruptionsniveau mit dem Ausmaß der staatlichen Einmischung in die Wirtschaft nicht stark korreliert, wobei offensichtlich hochkorrupte Länder wie Tadschikistan und Kambodscha weniger bürokratisch sind als Dänemark, Norwegen und Kanada – und die beiden ersten plus Tschad, Kirgistan und Libyen im Jahr 2012 wiederum als weniger bürokratisch eingeschätzt wurden als Australien, das sehr hohe Anforderungen bezüglich der einzuhaltenden Vorschriften hat.

Allerdings deutet der Global Competitiveness Index (Globaler Index der Wettbewerbsfähigkeit, GCI) des GCR, der wesentlich mehr Variablen als der »Index der Belastung durch staatliche Vorschriften« umfasst, auf eine engere Korrelation hin. Während in Tabelle 4 Neuseeland und – in geringerem Ausmaß – Australien Ausreißer sind, ist die Variabilität zwischen dem wahrgenommenen Korruptionsniveau und dem allgemeinen

Niveau der Wettbewerbsfähigkeit viel geringer als die Variabilität in Tabelle 3.

Eine weitere zu beachtende ökonomische Variable ist die *Privatisierung*. Privatisierung schafft in einer Wirtschaft, die größtenteils im Staatsbesitz war, beträchtliche Möglichkeiten für Korruption, wenn einzelne Geschäftsleute Bestechungs- und Schmiergelder in Form von »kickbacks« anbieten, um sich im Ausschreibungsverfahren unfaire Vorteile gegenüber anderen zu verschaffen. In den 1990er Jahren war Privatisierung einer der wesentlichen Erklärungsfaktoren für die hohen Korruptionsniveaus in den postkommunistischen Übergangsstaaten. Privatisierung war jedoch auch ein Schlüsselmerkmal des neoliberalen Ansatzes zur Wirtschaftslenkung (auch Washington-Konsens genannt), der seit den späten 1970er Jahren seinen Siegeszug über den Globus angetreten hat, und es hat sogar in Ländern wie Deutschland Anschuldigungen wegen erheblicher Korruptionsskandale im Zusammenhang mit Privatisierungen gegeben (in diesem Fall allerdings in Bezug auf die Privatisierung in Ostdeutschland nach dem Ende des Kommunismus).

Es gibt jedoch für das Korruptionsproblem einen Silberstreifen am Horizont, der immer dann erscheint, wenn Staaten Aktiva an den privaten Sektor verkaufen: Der Privatisierungsprozess hat üblicherweise dann ein Ende oder wird zumindest ein weniger wichtiges Merkmal der Wirtschaftspolitik, wenn eine Regierung zu dem Schluss kommt, dass sie die meisten oder alle Unternehmen veräußert hat, deren Verkauf sie für sinnvoll gehalten hat. Andererseits ist ein weiteres Schlüsselmerkmal des neo-liberalen Ansatzes zur Lenkung der Wirtschaft, dass der Staat Aufgaben und Dienstleistungen *auslagern* sollte, für die er vorher unmittelbar verantwortlich war. Typischerweise erfordert Outsourcing Ausschreibungen zur Vergabe an private Unternehmen, womit wiederum neue Möglichkeiten für Korruption geschaffen werden. Zusätzlich bietet Outsourcing im Unterschied zur Privatisierung laufend Gelegenheiten für Kor-

Tabelle 3 Wahrgenommene Korruptionsniveaus im Vergleich zum Ausmaß an staatlichen Vorschriften

Land	CPI-Rang 2012	GCR-Rang Staatliche Regulierungsbelastung 2012/13
Dänemark	1=	69
Finnland	1=	6
Neuseeland	1=	14
Schweden	4	31
Singapur	5	1
Schweiz	6	16
Australien	7=	96
Norwegen	7=	64
Kanada	9=	60
Niederlande	9=	34
Kirgistan	(135)	92
Jemen	(136)	119
Kambodscha	(137=)	42
Tadschikistan	(137=)	22
Libyen	(139)	61
Simbabwe	(140)	107
Burundi	(141=)	121
Tschad	(141=)	95
Haiti	(141=)	115
Venezuela	(141=)	143

Die Anzahl der im GCR und CPI untersuchten Länder differiert (144 bzw. 176 im Jahr 2012). Um die beiden Rangordnungen vergleichbar zu machen, wurden jene Länder, die nicht im GCR enthalten sind, aus dem CPI entfernt und die verbliebenen 144 neu geordnet. Kurz gesagt, sind die untersten zehn CPI-Länder in Tabelle 3 die am niedrigsten gereihten, die auch im GCR aufscheinen, was erklärt, warum die »niedrigsten zehn« CPI-Staaten nicht dieselben sind wie die niedrigsten zehn in Tabelle 1; die Klammern in Tabelle 3 sollen darauf hinweisen.

Tabelle 4 Wahrgenommene Korruptionsniveaus im Vergleich zum Gesamtniveau an wirtschaftlicher Wettbewerbsfähigkeit

Land	**CPI-Rang 2012***	**GCI-Rang 2012/13**
Dänemark	1=	12
Finnland	1=	3
Neuseeland	1=	23
Schweden	4	4
Singapur	5	2
Schweiz	6	1
Australien	7=	20
Norwegen	7=	15
Kanada	9=	14
Niederlande	9=	5
Kirgistan	(135)	127
Jemen	(136)	140
Kambodscha	(137=)	85
Tadschikistan	(137=)	100
Libyen	(139)	113
Simbabwe	(140)	132
Burundi	(141=)	144
Tschad	(141=)	139
Haiti	(141=)	142
Venezuela	(141=)	126

* Siehe Anmerkung zu Tabelle 3 zur Erklärung der Verwendung von Klammern.

ruption. Eine Stadt entscheidet sich zum Beispiel, den Betrieb des öffentlichen Nahverkehrs auszulagern; um sicherzustellen, dass die privaten Unternehmen, die das System betreiben, nicht nachlässig werden, besteht die Stadt auf einem neuen Ausschreibungsverfahren alle fünf Jahre – und schafft damit jedes Mal, wenn der Vertrag neu ausgehandelt wird, Möglichkeiten für Korruption. Die Verbindung von Korruption, Privatisierung und Outsourcing wurde als ein wesentlicher Faktor zur Erklärung der während der 1990er Jahre gestiegenen Korruption im Vereinigten Königreich eingeschätzt; David Hall argumentierte, dass die »Verträge und Konzessionen im öffentlichen Sektor allein die Hauptursache für Korruption im Vereinigten Königreich waren, die durch die staatlichen Initiativen zur Privatisierung angeheizt wurde«.

Befürworter des Neoliberalismus betonen die angebliche Überlegenheit freier Märkte über gemischte Volkswirtschaften (bei denen es eine Aufteilung der Arbeit und des Eigentums zwischen dem Staat und dem privaten Sektor gibt) und tragen dadurch gleichzeitig auf vielfältige Weise zur Korruption bei. Die neoliberale Förderung von Privatisierung und Outsourcing führt zum Beispiel zur Entlassung vieler Beamter, unabhängig davon, wie loyal sie waren, wie hart sie arbeiteten und wie lange sie schon beschäftigt waren. Dieser Schwerpunkt auf den Stellenabbau (»down-sizing«) – ein Ausdruck, der neuerdings weitgehend durch den weniger negativ klingenden Begriff der Stellenanpassung (»right-sizing«) ersetzt wurde – führt unter Beamten häufig zu einem Gefühl der Verunsicherung und einem markanten Rückgang der Loyalität gegenüber ihrem Arbeitgeber, was beides in hohem Maß einer Zunahme von Korruption zuträglich ist; all das kann zu dem in Kapitel 4 erwähnten »Eichhörnchen-Syndrom« führen. Ein weiterer Aspekt des Neoliberalismus, der Korruption fördert, ist der Fokus auf Ziele anstatt auf Mittel; ehrgeizige Ziele zu erreichen, hat oft Vorrang gegenüber einem ordnungsgemäßen Verfahren.

Die Ausrichtung des Neoliberalismus auf die Maximierung der Freiheit der Märkte hängt eng mit dem ökonomischen Ansatz der Globalisierung zusammen, der ebenfalls die Minimierung der Rolle des Staates in der Wirtschaft und die Maximierung der Freiheit der Märkte verfolgt, vor allem auf dem Gebiet des Außenhandels. Autoren wie der Japaner Kenichi Ohmae haben in diesem Zusammenhang von einer »grenzenlosen Welt« gesprochen. Dieser Begriff kann jedoch irreführend sein: Obwohl Globalisierung die Barrieren für den Außenhandel reduziert und den *Kapitalverkehr* weltweit immer freier gemacht hat, hat sie den *Personenverkehr* nicht deutlich erleichtert. Zwar gibt es Beispiele für die Erleichterung des Personenverkehrs – insbesondere den Schengen-Raum in Europa, in dem die Menschen von einem Land ins andere reisen können, ohne einen Pass vorweisen zu müssen –, doch ist es andererseits für Personen schwieriger geworden, Grenzen zu überschreiten, vor allem wenn sie sich in dem anderen Land niederlassen wollen. Trotz der größeren Bewegungsfreiheit *innerhalb* des Schengen-Raums ist es somit schwieriger geworden, in diesen Raum einzureisen, was einige Kommentatoren veranlasst hat, von der »Festung Europa« zu sprechen. Diese Entwicklung fördert Korruption, weil verzweifelte Bürger armer oder konflikt-behafteter Staaten ein besseres Leben suchen und Schlepper bezahlen, die ihrerseits wieder Zoll- und Grenzbeamte bestechen, damit diese wegschauen, wenn sie mit ihrer »Fracht« die Staatsgrenzen passieren.

Eine häufig zitierte Formel bei der Analyse von Korruption ist die von Robert Klitgaard stammende Gleichung K = M + E – R, wobei K für »Korruption« steht, M für »Monopol«, E für »Ermessensspielraum« und R für »Rechenschaftspflicht«. Nach diesem Ansatz wird es mehr Korruption geben, je mehr Ermessensspielraum die Beamten haben – falls sie nicht in hohem Maße rechenschaftspflichtig sind. Ein Bereich, für den das häufig zutrifft, ist das Steuersystem. Wenn es ein progressives Steuersystem gibt (d. h. höhere Steuersätze für höhere Einkommen oder Gewinne), dann werden Individuen und Unternehmen den Steuerbeamten Bestechungsgelder anbieten, damit diese bestätigen, dass das Einkommen oder die Gewinne niedriger als tatsächlich waren. In einer Untersuchung schätzte die Policy Group in Indien Mitte der 1980er Jahre, dass mehr als 75 Prozent der

Steuerprüfer Schmiergelder entgegennahmen, während etwa 68 Prozent der Steuerpflichtigen, die Steuerberater mit der Einreichung ihrer Steuererklärung beauftragten, Schmiergelder gezahlt hatten.

Leider muss die Annahme hinterfragt werden, dass ein Flatrate-System (d. h. ein einheitlicher Steuersatz für alle Einkommen, ohne Progression) derartige Möglichkeiten reduziert. Selbst wenn dieses Steuersystem bedeutet, dass korrupte Steuerprüfer sich nicht darauf einlassen können, niedrigere Einkommen oder Gewinne zu bestätigen, um ein Individuum oder Unternehmen vor einer höheren Steuerstufe zu bewahren, so können sie noch immer bestochen werden, um ein niedrigeres als das tatsächlich erzielte Einkommen zu bestätigen, und damit Beihilfe zur Steuerhinterziehung leisten.

Eine ökonomische Variable, die stark mit den Korruptionsniveaus korreliert, ist der allgemeine Wohlstand eines Landes, gemessen durch das BIP pro Kopf. Zahlreiche anspruchsvolle ökonomische Untersuchungen veranschaulichen diese Korrelation; das für uns wichtigste Ergebnis ist, dass – mit wenigen Ausnahmen – das Ausmaß an Korruption umso höher ist, je ärmer ein Land ist. Eine einfache Möglichkeit, das darzustellen, ist ein Vergleich des BIP pro Kopf der obersten und untersten zwölf Länder des CPI (siehe Tabelle 5 – diesmal kehren wir wieder zur vollständigen Auflistung des CPI zurück, so dass die untersten zwölf jenen der Tabelle 1 entsprechen).

Obwohl die Korrelationen in Tabelle 5 schwächer sind als einige andere dieses Kapitels, so zeigt sie doch ganz klar, dass höhere Korruptionsniveaus mit niedrigeren Lebensstandards, gemessen am BIP pro Kopf, zusammenhängen. Während Neuseeland das niedrigste Pro-Kopf-Einkommen der obersten zwölf (am wenigsten korrupten) Länder hatte, so war diese Zahl immerhin fast dreieinhalb Mal so hoch wie jene des Spitzenreiters unter den zwölf untersten Ländern (Venezuela), dessen BIP pro Kopf seinerseits wiederum viel höher war als jenes der beiden

Tabelle 5 Wahrgenommene Korruptionsniveaus in Relation zum BIP pro Kopf

Land	CPI-Rang 2012	BIP pro Kopf, 2011 (US-$)*
Dänemark	1=	59 898
Finnland	1=	48 678
Neuseeland	1=	36 919
Schweden	4	56 755
Singapur	5	51 242
Schweiz	6	83 087
Australien	7=	62 081
Norwegen	7=	99 173
Kanada	9=	50 578
Niederlande	9=	49 886
Island	11	44 031
Luxemburg	12	111 913
Burundi	165=	247
Tschad	165=	1006
Haiti	165=	732
Venezuela	165=	10 728
Irak	169	6019
Turkmenistan	170=	5725
Usbekistan	170=	1545
Myanmar	172	keine Daten
Sudan	173	1538
Afghanistan	174=	614
Nordkorea	174=	keine Daten
Somalia	174=	keine Daten

* Zahlen der Weltbank

nächstgereihten »wohlhabenderen« Länder der untersten zwölf, Irak und Turkmenistan.

Die enge Korrelation zwischen dem wahrgenommenen Ausmaß an Korruption (2012) und dem BIP (2011) geht aus Abbildung 5 ganz klar hervor; jeder der 22 Punkte stellt einen der folgenden Staaten dar: die acht mit der geringsten wahrgenommenen Korruption, die acht mit der höchsten wahrgenommenen Korruption und die sechs in der Mitte der CPI-Reihung (an der 88. Stelle).

Was bedeutet es jedoch, wenn ein hohes durchschnittliches BIP pro Kopf sehr ungleich verteilt ist? Wirkt sich das auf die Korrelation zwischen BIP und Korruption aus? Eine hilfreiche Analyse ist die von You Jong-sung und Sanjeev Khagram im Jahr 2005 veröffentlichte Arbeit; in einer wissenschaftlich anspruchsvollen Studie zeigen sie, dass höhere Einkommensungleichheit in der Regel ein höheres Korruptionsniveau bedeutet.

Wenden wir uns nun der Beziehung zwischen Korruption und internationalen ökonomischen Faktoren zu. Es wird oft postuliert, dass Länder, die protektionistische Maßnahmen im Außenhandel ergreifen – indem sie inländische Lieferanten gegenüber ausländischen zum Beispiel durch die Erhebung von Einfuhrzöllen bevorzugen –, korrupter sind als offenere Wirtschaften. Pushan Dutt hat das empirisch überprüft und kommt zu dem Schluss, dass die staatlichen Behörden in Ländern mit protektionistischen Systemen höhere Korruptionsniveaus aufweisen als in Ländern, die einen liberalisierten Außenhandel fördern. Seine Forschungen sind gründlich und überzeugend. Wir sollten jedoch nicht den Umstand übersehen, dass das Ausmaß an Korruption sich ebenso auf die durchschnittliche Höhe der Bestechungsgelder beziehen kann und nicht nur einfach darauf, wie viele Beamte Bestechungsgelder annehmen. So bedeutet eine liberalisierte Außenhandelspolitik, dass ausländische Unternehmen, die viel größer und vermögender sind als inländische Unternehmen eines Schwellen- oder Entwicklungslandes, viel höhere Bestechungsgelder als die lokalen Firmen anbieten können. Einige der Schmiergelder, die von Unternehmen zur Erlangung ausländischer Aufträge angeboten werden, sind beträchtlich. Im Jahr 2010 hat der Schweizer Spediteur Panalpina

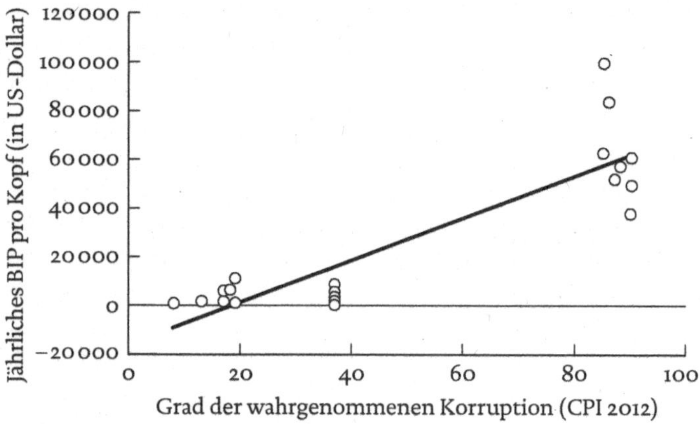

5 Wahrgenommene Korruptionsniveaus im Vergleich zur Kurve des BIP pro Kopf

vor einem amerikanischen Gericht zugegeben, im Zeitraum von 2002 bis 2007 in sieben Ländern Bestechungsgelder in Höhe von 49 Millionen US-Dollar gezahlt zu haben. Eines der Unternehmen, dem er auf diese Weise geholfen hat, war der Ölriese Royal Dutch Shell, der zugab, zwei Millionen US-Dollar an nigerianische Subunternehmer gezahlt zu haben, um »Exportformalitäten« zu vermeiden.

Schwellen- und Entwicklungsländer streben nach finanzieller Unterstützung und Krediten von reicheren Ländern und von internationalen Organisationen wie dem IWF und der Weltbank – und bekommen sie auch. Leider und allzu häufig endet ein Großteil dieser Finanzierungshilfen und Kredite auf den Offshore-Bankkonten der Eliten dieser Staaten. Kurz gesagt, erweist sich das, was zum Nutzen der verarmten Bevölkerung gedacht ist, oft als eine weitere – und höchst profitable – Quelle, die den Eliten Gelegenheiten zur Korruption bietet. Gemäß dem Welt-Korruptionsbericht 2004 (*Gobal Corruption Report 2004*) von Transparency International gehörten zu den Ländern, welche die größten Verluste wegen des Absahnens dieser und anderer Mittel durch ihre politischen Führer erlitten, Indonesien (Suharto), die Philippinen (Marcos), Zaire (Mobuto), Nigeria (Abacha) und Haiti (Duvalier).

Politische Faktoren

Die häufig aufgestellte Behauptung, dass es umso mehr Korruption geben wird, je größer der Staatsapparat ist, wurde von einigen Autoren infrage gestellt, die Schweden als ein gutes Beispiel für ein Land anführen, das einen großen Staatsapparat hat und offensichtlich ein niedriges Maß an Korruption. Das könnte jedoch bloß die Ausnahme von der Regel sein. Ein überzeugenderes Argument haben Go Kotera, Keisuke Okada und Sovannroeun Samreth in einem Artikel aus dem Jahr 2012 geliefert. Auf der Grundlage einer Analyse von 82 Ländern kommen sie zu dem Schluss, dass die Beziehung zwischen Korruption und Größe des Regierungsapparats komplex ist und dass eine dritte Variable, nämlich das Maß an Demokratie, mit einbezogen werden muss. Es scheint, als würde eine Vergrößerung des Staatsapparats in einer funktionierenden Demokratie häufig zu verringerter Korruption führen, hingegen das Ausmaß an Korruption in einem Land mit einer gering entwickelten oder gar keiner Demokratie erhöhen.

In Kapitel 3 wurde gezeigt, dass unseren unvollkommenen Messverfahren zufolge stabile, etablierte Demokratien weniger korrupt sein dürften als Diktaturen oder instabile Systeme. Es ist sicherlich der Fall, dass viele Bürger in letzteren Systemen häufiger direkte Erfahrung mit der Zahlung von Schmiergeldern haben – in erster Linie an Polizisten und Beschäftigte im Gesundheits- und im Bildungssystem – als Einwohner der westlichen Hemisphäre, die viel seltener mit dieser Alltagskorruption konfrontiert sind. Wenn wir zu unserer Liste von Ländern mit höchster und niedrigster Korruption zurückkehren und diese Reihungen mit dem Typus der politischen Systeme vergleichen (nach der Einschätzung des Demokratie-Index der Zeitschrift *Economist* (*Economist Democracy Index* – EDI 2012/13), so zeigt sich dieses Muster ganz klar (Tabelle 6).

Unter den am wenigsten korrupt wahrgenommenen Staaten ist Singapur der einzige wirkliche Ausreißer; ansonsten ist das Muster eindeutig – alle höchst korrupten Staaten, die sowohl im CPI als auch im EDI aufscheinen, sind entweder hybrid (halbautoritär) oder autoritär, wobei die sechs schlechtesten autoritär sind.

Tabelle 6 könnte jedoch ein wenig irreführend sein. Denn es hat auch in den entwickelten Demokratien während der letzten Jahre keinen Mangel an Fällen von *Großkorruption* (oder elitärer Korruption) gegeben. Ein Schlüsselmerkmal vieler dieser westlichen Korruptionsfälle auf hohem Niveau seit den 1990er Jahren ist, dass sie sich auf die Finanzierung politischer Parteien beziehen. Es ist für einzelne Parteiführer und andere Politiker in reifen Demokratien wahrscheinlicher, dass sie sich auf korrupte Praktiken einlassen, die ihre Partei unterstützen sollen, als dass sie in ihre eigene Tasche arbeiten (obwohl es natürlich letztlich auch ihnen persönlich zugutekommen kann, wenn sie der Partei dabei helfen, Wahlen zu gewinnen); dieser Aspekt trifft zum Beispiel für die Fälle Helmut Kohl und Jacques Chirac zu. Während Parteien-Korruption manchmal auch in Entwicklungsländern und Übergangsstaaten vorkommt, gibt es in diesen weit mehr angebliche und bewiesene Fälle an elitärer Korruption zur persönlichen Bereicherung als in den entwickelten Staaten.

Aber sogar hier sind die getroffenen Unterscheidungen häufig zu scharf gezogen. Wie bereits in Kapitel 2 festgestellt wurde, ist einer der schwierigsten Aspekte bei der Korruptionsanalyse die Entscheidung, ob politischer Lobbyismus als Korruption behandelt werden soll oder nicht. Beide Seiten dieser Debatte haben ihre Meriten, und wir werden diesem schwierigen Problem

Tabelle 6 Wahrgenommene Korruptionsniveaus im Vergleich zum Maß an Demokratie

Land	CPI-Rang 2012	EDI-Rang 2012	EDI-Klassifikation 2012/13
Dänemark	1=	4	FD
Finnland	1=	9	FD
Neuseeland	1=	5	FD
Schweden	4	2	FD
Singapur	5	82	H
Schweiz	6	7	FD
Australien	7=	6	FD
Norwegen	7=	1	FD
Kanada	9=	8	FD
Niederlande	9=	10	FD
Island	11	3	FD
Burundi	(157=)	125	A
Tschad	(157=)	165	A
Haiti	(157=)	116	H
Venezuela	(157=)	96	H
Irak	(161)	113	H
Turkmenistan	(162=)	162	A
Usbekistan	(162=)	161	A
Myanmar	(164)	155	A
Sudan	(165)	154	A
Afghanistan	(166=)	152	A
Nordkorea	(166=)	167	A

Schlüssel: Der EDI klassifiziert Länder als Volle Demokratien (Full Democracies, FD), Mangelhafte Demokratien (keine in Tabelle 6), Hybridsysteme (H) oder autoritäre (A).

Beachte: Die niedrigsten elf Länder sind jene, die sowohl im CPI als auch im EDI aufgelistet sind; da letzterer im Jahr 2012 weniger Länder und Regionen (167) bewertet als der erste (176), stimmen die angeblich korruptesten Länder in Tabelle 6 nicht mit jenen im tatsächlichen CPI überein, was durch die Verwendung der Klammern verdeutlicht wird.

in jenen Fällen ausweichen, in denen Lobbying transparent ist. Ein großer Teil des Lobbyismus ist jedoch undurchsichtig und kann sich mit Phänomenen des »gekauften Staats« überschneiden. Nach Joel Hellman und Daniel Kaufmann hat das den politischen und wirtschaftlichen Reformprozess in vielen postkommunistischen Übergangsstaaten behindert. Ihr Argument wurde jedoch infrage gestellt, zum Beispiel von Forschern, die behaupten, dass es zu einfach ist – dass nämlich unethische Geschäftsleute, anstatt Parlamentarier und Staatsbeamte zu kaufen, selbst Teil der politischen Elite werden. In gewisser Hinsicht sind beide Sichtweisen korrekt und inkorrekt; die Situation ist jeweils sehr unterschiedlich, und was für ein Land gilt, stimmt nicht für ein anderes. Eindeutig ist jedoch, dass das Phänomen beileibe nicht auf Entwicklungsländer oder Übergangsstaaten beschränkt ist.

Denn Parlamentarier verkaufen bisweilen auch in entwickelten Staaten ihre Stimmen. Im Vereinigten Königreich hat es zahlreiche »Geld für Fragen«-Skandale gegeben, bei denen Mitglieder beider Häuser des Parlaments beschuldigt worden sind, Themen im Parlament vorzubringen und damit unrechtmäßig und als Gegenleistung für Schmiergelder die Interessen von Lobbyisten zu fördern – wobei manche davon investigative Journalisten waren, die sich als Lobbyisten ausgaben. Solche Vorwürfe wurden im Jahr 2013 gegen einen ehemaligen Minister der Labour-Partei (Lord Cunningham) und einen ehemaligen prominenten konservativen Abgeordneten, Patrick Mercer, erhoben. Im Cunningham-Fall stellte eine Untersuchung des Oberhauses fest, dass es keine ausreichenden Beweise für ein Fehlverhalten gab, um ihn weiter zu verfolgen. Mercer trat jedoch als Fraktionsvorsitzender der Torys zurück und kündigte sein baldiges Ausscheiden aus dem Parlament für April 2014 an, gerade rechtzeitig vor der Veröffentlichung eines Berichts des Standards Committee (in etwa: Ausschuss für Verhaltensregeln) im Mai, der ihn der vorsätzlichen Umgehung der politischen Verhaltensregeln für schuldig befand und eine sechsmonatige Suspendierung vom Unterhaus empfahl.

Für den deutschen Sozialtheoretiker Max Weber sollte ein gut funktionierender moderner Staat nicht bloß eine Demokratie sein, sondern auch eine wohl entwickelte Kultur der Rechtsstaatlichkeit haben; tatsächlich beschäftigte sich Weber mehr mit letzterem als mit dem ersten. Das in Washington, D. C., und Seattle angesiedelte World Justice Project (WJP), das sich auf der ganzen Welt für die Rechtsstaatlichkeit einsetzt, veröffentlicht seit 2010 einen Rechtsstaatlichkeits-Index (Rule of Law Index, RLI); im RLI für 2012/13 wurden insgesamt 97 Länder bewertet. Leider enthält der RLI keine aggregierte Reihung für die Länder. Jedoch besteht die Dimension 5 (»Open Government«) aus vier Variablen, welche die meisten Experten als Schlüsselkomponenten für Rechtsstaatlichkeit erachten würden: dass Gesetze veröffentlicht und zugänglich gemacht werden; dass Gesetze Bestand haben; dass Bürger ein Petitions- und Teilnahmerecht haben; und dass auf Verlangen offizielle Auskünfte erteilt werden. Obwohl das nicht alle Schlüsseldimensionen der Rechtsstaatlichkeit abdeckt – so sollte niemand über dem Gesetz stehen, und Gesetze sollten nicht rückwirkend erlassen werden –, ist es doch eine sinnvolle Aggregation einiger Faktoren, die untersucht werden sollten, wenn man bestimmen will, wie eng sich ein Land an die Rechtsstaatlichkeit hält. Vor diesem Hintergrund können wir nochmals die wahrgenommenen Korruptionsniveaus näher betrachten, diesmal auf die Frage hin, wie sie sich in Relation zur Rechtsstaatlichkeit zu verhalten scheinen (siehe Tabelle 7).

Und wieder einmal – trotz Ausnahmen wie Singapur, Kenia, Kirgistan und der Ukraine – gibt es eine ausgeprägte Entsprechung zwischen dem wahrgenommenen Korruptionsniveau der meisten Länder und dem Ausmaß, in dem die Rechtsstaatlichkeit beachtet wird. In der Tat kann das Ausmaß an Korruption in einem Land als einer der Indikatoren für den Grad angesehen werden, in dem es eine Kultur der Rechtsstaatlichkeit gibt.

Tabelle 7 Wahrgenommene Korruptionsniveaus im Vergleich zur Rechtsstaatlichkeit

Land	CPI-Rang 2012	WJPs RLI-Rang 2012
Dänemark	1=	8
Finnland	1=	7
Neuseeland	1=	4
Schweden	4	1
Singapur	5	19
Australien	(6=)	5
Norwegen	(6=)	3
Kanada	(8=)	6
Niederlande	(8=)	2
Deutschland	(10)	16
Hongkong	(11)	10
Belgien	(12)	21
Kenia	(86=)	64
Nepal	(86=)	79
Nigeria	(86=)	90
Pakistan	(86=)	92
Bangladesch	(90=)	89
Kamerun	(90=)	95
Ukraine	(90=)	62
Kirgistan	(93)	61
Kambodscha	(94)	83
Simbabwe	(95)	97
Venezuela	(96)	84
Usbekistan	(97)	88

Beachte: Wie bei den meisten Tabellen dieses Kapitels wurden auch hier die Länder ausgehend von ihrer ursprünglichen CPI-Reihung wegen der geringeren Zahl der im RLI enthaltenen Länder neu gereiht; dies wird wieder durch die Verwendung der Klammern verdeutlicht.

Als Folge von Beschwerden einiger Entwicklungsländer, es sei unfair, dass sich Transparency International in seinem CPI auf die Empfänger von Bestechungsgeldern (die Nachfrageseite der Korruption) konzentriert und im Wesentlichen all jene ignoriert, die Schmiergelder anbieten oder sich bereit erklären, Schmiergelder zu zahlen (die Angebotsseite), hat TI im Jahr 1999 den Index der Anbieter von Bestechungsgeldern (Bribe Payers' Index, BPI) eingeführt. Dabei werden Geschäftsleute aufgefordert – in den frühen Jahren des BPI nur in Entwicklungsländern –, jene Länder zu benennen, deren Firmen mit hoher Wahrscheinlichkeit Bestechungsgelder zur Erlangung von Verträgen anbieten. Der BPI wird alle drei bis vier Jahre veröffentlicht und befragt heutzutage auch Geschäftsleute in entwickelten Ländern und Übergangsstaaten über die Bereitschaft von Unternehmen aus verschiedenen Ländern, Bestechungsgelder zu zahlen. Da sich der Index auf die Hauptexporteure der Welt konzentriert, erfasst er weniger als dreißig Länder. Die Ergebnisse des BPI 2011 sind aus Tabelle 8 ersichtlich (skaliert von 0 bis 10, wobei höhere Werte eine niedrigere Bereitschaft zur Zahlung von Bestechungsgeldern anzeigen). In Tabelle 8 ist besonders festzustellen, dass zwar die Reihungen des BPI eng mit den CPI-Reihungen korrelieren, die Spannweite (6,1–8,8) für die im BPI enthaltenen Länder jedoch viel kleiner ist als für jene des CPI.

Die Tatsache, dass Unternehmen aus westlichen Ländern anscheinend eine geringere Wahrscheinlichkeit zur Zahlung von Schmiergeldern haben, sollte uns nicht darüber hinwegtäuschen, dass transnationale Unternehmen mit Hauptsitz im Westen in den letzten Jahren nachweislich Bestechungs- und Schmiergelder gezahlt haben, um im Ausland Verträge oder andere Formen bevorzugter Behandlung (z. B. niedrigere Besteuerung) zu erhalten; zusätzlich zu den bereits genannten sind weitere prominente Beispiele Halliburton, Hewlett-Packard und Pfizer.

Tabelle 8 Index der Anbieter von Bestechungsgeldern 2011

Land	Rang	Punkte
Niederlande	1=	8,8
Schweiz	1=	8,8
Belgien	3	8,7
Deutschland	4=	8,6
Japan	4=	8.6
Australien	6=	8,5
Kanada	6=	8,5
Singapur	8=	8,3
Großbritannien	8=	8,3
USA	10	8,1
Frankreich	11=	8,0
Spanien	11=	8,0
Südkorea	13	7,9
Brasilien	14	7,7
Hongkong	15=	7,6
Italien	15=	7,6
Malaysia	15=	7,6
Südafrika	15=	7,6
Taiwan	19=	7,5
Indien	19=	7,5
Türkei	19=	7,5
Saudi-Arabien	22	7,4
Argentinien	23=	7,3
Vereinigte Arab. Emirate	23=	7,3
Indonesien	25	7,1
Mexiko	26	7,0
China	27	6,5
Russland	28	6,1

Dieses unternehmerische Fehlverhalten generiert jedoch manchmal eine andere Form der Korruption, die für entwickelte Staaten viel typischer ist als für Entwicklungs- oder Schwellenländer, dass nämlich hochrangigen Regierungsbeamten bewusst ist, dass in ihrem Land angesiedelte Unternehmen im Ausland Schmiergelder zahlen, sie aber wegschauen oder sogar versuchen, so ein rechtswidriges Verhalten zu vertuschen. Ein Paradebeispiel ist der große Politskandal über britische Waffenlieferungen an Saudi Arabien. Damit ist das Al-Yamamah-Waffengeschäft gemeint, bei dem der britische Waffenproduzent BAE und sein Vorgängerunternehmen beschuldigt wurden, beträchtliche Schmiergelder zur Absicherung des Verkaufs an die Saudis bezahlt zu haben. Dies ist ein umfangreicher und verworrener Fall. Es möge reichen, darauf hinzuweisen, dass es sich um Großbritanniens größtes Handelsgeschäft aller Zeiten gehandelt hat; dass der britische Premierminister Tony Blair der Vertuschung beschuldigt wurde, nachdem er im Jahr 2006 eine Untersuchung der Anschuldigungen aus Gründen der nationalen Sicherheit blockiert hatte; und dass BAE im Jahr 2010 einer Strafzahlung von 400 Millionen US-Dollar an die US-Behörden im Rahmen eines strafrechtlichen Vergleichs zustimmte, wonach BAE nicht der Bestechung schuldig befunden wurde (BAE bekannte sich lediglich falscher Abrechnungen und irreführender Aussagen schuldig). Trotz dieser Strafzahlung – einer der höchsten in der Rechtsgeschichte der USA – und einer kleineren, aber doch substanziellen an das Serious Fraud Office (Amt für schweren Betrug) des Vereinigten Königreichs bedeutete die Tatsache, dass BAE nicht rechtskräftig wegen Bestechung verurteilt wurde, dass das Unternehmen von der Weltbank und anderen internationalen Organisationen nicht ausgeschlossen (d. h. nicht auf die schwarze Liste gesetzt) wurde und daher weiterhin bei zukünftigen Waffengeschäften mitbieten konnte.

Ein bedeutender politischer Faktor, der oft zur Erklärung von Korruption beiträgt, ist das historische Erbe eines Landes, das in Kapitel 4 behandelt wurde. Reaktionen auf dieses Vermächtnis können sich auch auf die Korruptionsniveaus auswirken. So versuchen viele post-revolutionäre Staaten eine große Zahl an Gesetzen über weite Bereiche – Eigentum, Wahlen und Parteienfinanzierung, soziale Wohlfahrt, Besteuerung usw. – unter schwierigen Bedingungen zu ersetzen, wobei es häufig zu Verschleppungen kommt (»legislative Verzögerung«). Typischerweise gedeiht Korruption in einer Situation, wo alte Gesetze bereits verworfen, die sie ablösenden Gesetze aber entweder noch nicht verabschiedet wurden oder so brandneu sind, dass sie noch zahlreiche Schlupflöcher enthalten.

Ein anderes Vermächtnis findet man oft in Staaten nach Konflikten. Diese Länder waren in vielen Fällen während des Konflikts internationalen Sanktionen oder sogar vollständigen Handelsblockaden ausgesetzt; in dieser Situation ermunterten manche Regierungen sowohl zu Korruption als auch zu geheimen Absprachen zwischen Regierungsbeamten und dem organisierten Verbrechen, um die Versorgung des Landes sicherzustellen. Verhaltensmuster, die sich unter diesen Umständen entwickelten, setzten sich oft nach Beendigung des Konflikts fort. Ein Paradebeispiel dafür ist Serbien. Im Jahr 1991 wurden Handelssanktionen verhängt, die erst 1996 wieder aufgehoben wurden. Im letzten Jahr der Sanktionen gab der serbische Generalstaatsanwalt zu, dass sein Land ohne den Schmuggel nicht funktionsfähig gewesen wäre; während die Ausführenden hauptsächlich kriminelle Banden waren, gab es ebenso Absprachen mit den Behörden.

Einige Staaten sind dermaßen dysfunktional oder ineffektiv, dass man ihnen das Label »gescheiterte Staaten« verpasst hat. Dieser Begriff ist bedauerlich, da seine Bedeutung dahingehend interpretiert werden kann, dass solche Systeme nicht zu retten sind. Adjektive wie »schwierig«, »beeinträchtigt« und »fragil« wurden daher als Alternativen vorgeschlagen. Diese Begriffe sind vorzuziehen, da sie ernsthafte Probleme dieser Systeme suggerieren, ohne zu unterstellen, dass sie hoffnungslos sind. Dennoch muss man zugeben, dass es eine enge Korrelation zwischen dem Niveau der Funktionalität eines Staates und dessen wahrgenommenem Umfang an Korruption gibt. Das erkennt man ganz leicht aus Tabelle 9, welche die Ränge der Länder im CPI mit den Rängen im Index der Gescheiterten Staaten vergleicht (Failed States Index 2012, FSI, der glücklicherweise im Jahr 2014 in Index der Fragilen Staaten, Fragile States Index, umbenannt wurde).

Eine letzte politische Variable ist die Ausgewogenheit der Geschlechter in der Regierung. In einem kurzen, aber einflussreichen Aufsatz haben David Dollar, Raymond Fisman und Roberta Gatti im Jahr 2001 argumentiert, dass politische Systeme mit einem hohen Frauenanteil in der Regierung im Allgemeinen niedrigere Korruptionsniveaus haben als jene mit weniger weiblichen Repräsentanten. Dieses Argument wurde jedoch von Hung-En Sung infrage gestellt, der behauptete, dass nicht der Frauenanteil, sondern eher die Belastbarkeit der Demokratie die Korruptionsniveaus bestimmt.

Die meisten in diesem Kapitel ermittelten Korrelationen bezogen sich auf *wahrgenommene* Korruptionsniveaus, wie wir sie im CPI 2012 finden. Ein führender Analytiker der Gründe für Korruption, Daniel Treisman, hat argumentiert, dass zwar die Arten von Korrelationen, die hier ermittelt wurden – und andere, wie z. B. die Abhängigkeit von Treibstoffexporten –, interessant sind und bis zu 90 Prozent der Variabilität zwischen den Ländern erklären, dass sie aber gleichzeitig problematisch sind, weil »Maßzahlen der realen Korruptionserfahrungen, die auf Umfragen basieren, in denen Geschäftsleute und Bürger in verschiedenen Ländern befragt werden, ob von ihnen in jüngerer Zeit erwartet wurde, dass sie Schmiergelder zahlen, mit kaum einem dieser Faktoren korrelieren, sobald man das Einkommen berücksichtigt«. Treisman schlägt daher die Verwendung von mehr Erfahrungs-basierten Erhebungen vor. Der Leser sei jedoch daran erinnert, dass diese nur die Alltagskorruption erkennen, wohingegen die elitäre Korruption sich typischerweise viel massiver auswirkt – und eher von Erhebungen zur Wahrnehmung erfasst wird.

Tabelle 9 Wahrgenommene Korruptionsniveaus im Vergleich zur Fragilität eines Staates

Land	CPI-Rang 2012	FSI-Rang 2012*
Dänemark	1=	3
Finnland	1=	1
Neuseeland	1=	7
Schweden	4	2
Singapur	5	21
Schweiz	6	4
Australien	7=	13
Norwegen	7=	5
Kanada	9=	9
Niederlande	9=	11
Island	11	12
Luxemburg	12	6
Burundi	165=	160
Tschad	165=	174
Haiti	165=	171
Venezuela	165=	95
Irak	169	169
Turkmenistan	170=	96
Usbekistan	170=	138
Myanmar	172	157
Sudan	173	175
Afghanistan	174=	172
Nordkorea	174=	156
Somalia	174=	177

* Die Skalierung des CPI und des FSI verlaufen in entgegengesetzte Richtungen – d. h., je niedriger die Zahl im CPI, umso besser, während für den FSI das Gegenteil gilt; zum Vergleich mit dem CPI ist daher die Skalierung des FSI hier umgedreht worden – je höher der FSI-Rang, umso fragiler scheint der Staat zu sein.

Außerdem beweisen Korrelationen keine Kausalität, und es kommt ein Moment, in dem Intuition und persönliche Beobachtung in die Gleichung einfließen. Obwohl unsere Verfahren zur Bestimmung der Hauptgründe für Korruption bereits sehr weit entwickelt sind und laufend verfeinert werden, müssen wir stets vor den potenziellen Gefahren sowohl von unzulässigen Verallgemeinerungen auf der Grundlage von zu wenigen Fällen (induktive Beweisführung) auf der Hut sein als auch vor dem Versuch, Einzelfälle auf der Grundlage von breiten Verallgemeinerungen (deduktive Beweisführung) zu erklären. Wir haben bei der Erforschung und Erklärung von Korruption sicherlich noch einen weiten Weg vor uns.

Zum Schluss: Die in diesem Kapitel angeführten Analysen befassen sich – passend zum Titel – mit systemischen oder strukturellen Erklärungen. Der Leser sei aber an die Notwendigkeit einer ganzheitlichen Herangehensweise an Korruption erinnert, die auf der Strukturationstheorie basiert. Weder Systeme noch handelnde Personen sind völlig autonom oder allein bestimmend: sie interagieren.

6 Was können Staaten unternehmen?

Sozialwissenschaftler bezeichnen Korruption als ein »vertracktes« Problem, womit gemeint ist, dass es so komplex ist, dass es immer nur zum Teil gelöst werden kann; man kann Korruption kontrollieren, aber niemals vollständig ausrotten. Dem Staat kommt eine Schlüsselrolle beim Umgang mit diesem vertrackten Problem zu, wobei er »Zuckerbrot und Peitsche« (Anreize und Zwang), »administrative und technische« sowie »andere« Methoden einsetzen kann.

Die Peitsche – Zwangsmaßnahmen

Das Rechtssystem ist die offensichtlichste »Peitsche«, die Staaten verwenden können, um Korruption zu reduzieren. Ein Grund der von den Behörden Botswanas häufig dafür angeführt wird, dass sie anscheinend das am wenigsten korrupte Land Afrikas sind, ist ihre hohe Aufklärungsquote in der Strafverfolgung, die weit über dem internationalen Durchschnitt liegt. Verfolgt werden können sowohl diejenigen, die Bestechungen annehmen, als auch jene, die sie zahlen.

Strafverfolgung ist jedoch nicht der einzige Gesichtspunkt; von Bedeutung sind auch die Verurteilungsquoten und die Härte der Strafen. Wenn die Strafen für die Verurteilten milde sind, so ist die Abschreckung durch das Justizsystem unwirksam. Einige Länder bestrafen Korruption sehr streng. Anfang 2011 wurde ein Richter aus Pennsylvania zu 28 Jahren Haft verurteilt, weil er Tausende von Jugendlichen unrechtmäßig zu Strafen in Jugendgefängnissen verurteilt hatte, als Gegenleistung für beträchtliche Schmiergelder von zwei Geschäftsleuten, die private Jugendgefängnisse gebaut und geleitet hatten; in den USA wurde das als der »Kids gegen Bargeld«-Skandal bekannt.

Global betrachtet, sind strenge Strafen leider die Ausnahme;

typischerweise erhalten die wegen Korruption Verurteilten milde Strafen. Ein Gericht in San Diego (USA) verurteilte im März 2014 einen Grenzbeamten zu lediglich siebeneinhalb Jahren Gefängnis, nachdem er für schuldig befunden worden war, fast zehn Jahre lang korrupt mit Schmugglern von Drogen und Menschen zusammengearbeitet zu haben. Aber das war sogar relativ streng im Vergleich zu anderen Fällen. Wenn wir die weite Definition von Korruption zugrunde legen, die Fehlverhalten im privaten Sektor einschließt, dann wurden die kurzen Gefängnisstrafen (zwei Jahre und neun Monate) und die kurze Bewährungsfrist (zwölf Monate) für zwei leitende Angestellte, die im Jahr 2008 der maßgeblichen Beteiligung an dem seit 2005 in Deutschland bekannt gewordenen »Sex-, Bestechungs- und Korruptionsskandal« bei Volkswagen für schuldig befunden worden waren, als zu milde kritisiert.

Manchmal erhalten wegen Korruption Verurteilte milde Strafen, weil sie mit den Behörden bei der Identifikation anderer in das Fehlverhalten Verwickelter zusammengearbeitet haben. Ein Beispiel dafür ist ein politischer Berater, der in Texas im Januar 2014 wegen Korruption zu lediglich zehn Monaten Haft (plus einer Geldstrafe und einer Bewährungsfrist nach seiner Entlassung) verurteilt wurde; es wurde eindeutig zu verstehen gegeben, dass dies eine mildere Strafe war, als er ansonsten erhalten hätte, weil er über die Korruption zwischen Bauunternehmern und lokalen Behörden sowie über einen früheren Richter »ausgepackt« hatte, was zu einer Reihe von Verurteilungen führte.

Häufig müssen die korrupter Handlungen Überführten nicht einmal mit Strafverfahren, sondern nur mit Verwaltungsverfahren rechnen. Während die Wirkung von Bestrafungen, zum Beispiel der Verlust des Arbeitsplatzes durch Entlassung, beschämend sein kann, so haben sie selten so ernste und negative langfristige Auswirkungen wie eine Gefängnisstrafe und sind deshalb weniger abschreckend.

Andererseits umfasst der Strafrahmen für Korruption in zehn Staaten die Todesstrafe, obwohl diese lediglich in China regelmäßig zur Anwendung kommt. In den letzten Jahren wurden in China einige staatliche Funktionäre hingerichtet oder mit Hinrichtung bedroht. Auch wenn die Todesstrafe dort für korrupte hohe Beamte in der Regel ausgesetzt wird und sie schließlich lange Gefängnisstrafen verbüßen, befanden sich unter jenen, die tatsächlich hingerichtet wurden, die früheren stellvertretenden Bürgermeister von Hangzhou, Shenyang und Suzhou. In Vietnam wurde die Todesstrafe bis zum Jahr 2013 kaum eingesetzt; angesichts der öffentlichen Besorgnis über Korruption wurden jedoch in den Jahren 2013 und 2014 zumindest drei Mitarbeiter staatlicher Banken wegen Veruntreuung zum Tod verurteilt.

Drakonische Strafen sind nicht die einzigen Probleme bei der Anwendung des Rechtssystems zur Bekämpfung von Korruption; der Missbrauch dieses Systems ist ebenfalls ein Problem. In vielen Ländern ist das Rechtssystem in hohem Ausmaß politisiert und die Rechtsstaatlichkeit nur schwach entwickelt. Unter diesen Umständen werden Angeklagte oft als schuldig betrachtet, solange ihre Unschuld nicht erwiesen ist; auf diese Weise können Personen, die für objektive Beobachter nicht korrupt erscheinen, aus rein politischen Gründen (z. B., weil man Mitglied einer politischen Partei ist, welche die autoritäre Regierungspartei herausforderte, oder weil man den Führer eines Landes kritisiert hat) verleumdet und verurteilt werden.

Ein weiteres Problem kann in Staaten am anderen Ende des Spektrums entstehen. Schweden ist der Verteidigung der individuellen Bürgerrechte so sehr verpflichtet, dass es seinen Strafverfolgungsbehörden untersagt ist, verdeckte Ermittlungen (gegen verdächtigte Kriminelle) oder Aktionen durchzuführen, bei denen jemand durch eine Falle zu einem Vergehen verleitet werden soll (gegen Personen, die noch nicht krimineller Aktivitäten verdächtigt werden). Es gibt zwar überzeugende rechtsstaatliche Argumente zur Unterstützung der schwedischen Position zum polizeilichen Fallenstellen, jedoch sind die Argumente gegen verdeckte Ermittlungen wesentlich schwächer und bedeuten, dass ein potenziell schlagkräftiges Instrument gegen Korruption nicht eingesetzt wird. Darüber hinaus ist die Position Schwedens in diesem Bereich widersprüchlich, da es das Abhören von mobilen Telefongesprächen potenzieller Freier erlaubt (während Prostitution in Schweden legal ist, ist die Inanspruchnahme der Dienste von Prostituierten ungesetzlich).

Wenn öffentlich Bedienstete ein luxuriöses Leben führen, das mit ihrem erklärten Einkommen nicht im Einklang steht, sollte das der Staat untersuchen. Als eine Möglichkeit zur Reduktion der Korruption wird in vielen Ländern von Beamten verlangt, dass sie ihr Einkommen und Vermögen offenlegen. Viele korrupte Beamte weisen beides einfach zu niedrig aus. Deswegen ist eine umfassende Prüfung ihrer Einnahmen und Ausgaben, einschließlich des Zugangs zu ihren Bankkonten, grundsätzlich eine für den Staat geeignete Maßnahme.

Leider sind der Wirksamkeit dieser Herangehensweise Grenzen gesetzt. Eine offensichtliche ist, dass manche korrupte Beamte, vor allem jene in Spitzenpositionen, ihre unrechtmäßigen Gewinne auf verschleierten Offshore-Konten anlegen werden, zu denen ihre Behörden keinen Zugang haben. Ein weiteres Problem besteht darin, dass manche Bürgerrechtsaktivisten argumentieren, dass derartige Überprüfungen einen Eingriff in die Privatsphäre darstellen und somit in einer auf Rechtsstaatlichkeit beruhenden Demokratie inakzeptabel sind. Wenn man jedoch den potenziellen Schaden der Korruption bedenkt, dann erscheint dieses Argument deutlich schwächer; Korruptionsopfer haben ebenfalls Rechte, und wenn gezeigt werden kann, dass das Einkommen rechtmäßig erworben wurde, dann haben jene, die überprüft werden, nichts zu befürchten. Natürlich besteht die Gefahr, dass manche Staaten willkürlich handeln; dies ist jedoch in autoritären Staaten wahrscheinlicher, in denen der Einzelne ohnehin wenig Rechte hat; damit ist das Bürgerrechtsargument in diesen Fällen weitgehend irrelevant.

Während die Gerichte das Recht vollziehen sollen, sind die gesetzgebenden Körperschaften für die Verabschiedung von Gesetzen zuständig. Allzu häufig sind jedoch Gesetze mit Bezug zur Korruption entweder nicht vorhanden oder erheblich mangelhaft. Bisweilen sind Gesetze mehrdeutig oder unzureichend, so dass es den Verteidigern erleichtert wird, für ihre der Korruption beschuldigten Klienten zu argumentieren, dass das Gesetz ein bestimmtes Fehlverhalten nicht eindeutig verbiete oder nicht darauf anwendbar sei. Die Staaten sind daher dafür verantwortlich, ihre Anti-Korruptions-Gesetzgebung zu stärken. Obwohl die Erklärung für schwache oder mehrdeutige Gesetze manchmal damit zusammenhängt, dass das System neu ist – es braucht Zeit, Gesetze auszuarbeiten und dann weiterzuentwickeln –, besteht ein weiterer Grund darin, dass Parlamentarier häufig ein persönliches Interesse haben, keine allzu strengen und ambitionierten Gesetze zu erlassen; ihre eigenen zwielichtigen Geschäfte könnten ans Tageslicht kommen, und sie könnten dafür bestraft werden.

Viele Staaten haben bereits engagierte Anti-Korruptions-Behörden (AKBs). So führen die Behörden Singapurs ihren Erfolg bei der Bekämpfung von Korruption teilweise auf die Einrichtung der weltweit ersten unabhängigen AKB zurück, das Corrupt Practices Investigation Bureau (Amt zur Untersuchung Korrupter Praktiken, CPIB). Es wurde im Jahr 1952 gegründet und hat die Korruption in Singapur seit langem sehr erfolgreich auf einem niedrigen Niveau gehalten. Ein anderes Beispiel einer sehr wirkungsvollen AKB ist Hongkongs Independent Commission Against Corruption (Unabhängige Kommission gegen Korruption, ICAC, eingerichtet im Jahr 1974) sowie das Botswana Directorate on Corruption and Economic Crime (Direktion gegen Korruption und Wirtschaftskriminalität in Botswana, DCEC), das im Jahr 1994 gegründet wurde und ebenfalls eine beneidenswerte Leistungsbilanz vorzuweisen hat. Während diese drei Behörden häufig als Modell-AKBs herangezogen werden, sind andere hingegen wesentlich weniger wirkungsvoll.

AKBs schneiden aus zahlreichen Gründen schlecht ab, unter anderem wegen unzureichender Finanzierung und verschwommenen Kompetenzen. Letzteres ist oft das Ergebnis davon, dass aufeinanderfolgende Regierungen neue Körperschaften einrichten, ohne die bestehenden aufzulösen, so dass es zu einer unklaren Arbeitsteilung kommt und der Schwarze Peter zwischen den Behörden hin und her gereicht wird. Ein führender Experte für asiatische Korruption, Jon S. T. Quah, argumentiert überzeugend, dass ein Hauptgrund für den Erfolg des CPIB in Singapur und des ICAC in Hongkong darin besteht, dass beide die alleinige Verantwortung für die Korruptionsbekämpfung haben (ein Aspekt, der auch auf Botswana zutrifft); in den meisten anderen Ländern gibt es mehrere Behörden. Ein viertes Problem ist, dass diese Behörden oft weniger unabhängig von den Körperschaften sind, die sie untersuchen sollen, als sie eigentlich sein sollten. Eine Anzahl von AKBs auf der ganzen Welt, die den Auftrag haben, Korruption bei der Polizei zu untersuchen, müssen ihre Untersuchungen von der Polizei selbst durchführen lassen. Im Unterschied zu solchen Praktiken haben CPIB und ICAC ihre eigenen Untersuchungsbefugnisse und sind direkt dem Büro des Premierministers von Singapur bzw. dem Regierungschef von Hongkong verantwortlich.

In manchen Ländern ist die öffentliche Bloßstellung eine beliebte Möglichkeit zum Einsatz der »Peitsche« gegen die der Korruption für schuldig Befundenen. So kündigte zum Beispiel der südafrikanische Justizminister im Februar 2013 an, dass die Regierung die Namen der wegen Korruption Verurteilten veröffentlichen werde, sobald eine Entscheidung darüber getroffen sei, welche Medien dazu eingesetzt werden sollen; im Juni wurden die Namen von 42 Personen auf der Website der Regierung Südafrikas veröffentlicht, die wegen besonders schwerwiegender Fälle von Betrug und Korruption verurteilt worden waren.

In engem Zusammenhang mit der Praxis der Namensnennung und Bloßstellung korrupter Personen steht die Politik der Erstellung öffentlicher schwarzer Listen (Ausschlusslisten) von privaten Unternehmen, die nachweislich an der Korruption öffentlich Bediensteter beteiligt waren. Singapur war auch in diesem Bereich ein Vorreiter. Im Januar 1996 schlossen die Behörden Singapurs fünf große Unternehmen, unter anderem Siemens (Deutschland), BICC (Großbritannien) und Pirelli (Italien), für fünf Jahre von Bieterverfahren aus, nachdem herausgefunden worden war, dass sie einen Beamten Singapurs bestochen hatten. Siemens ist auch in mehreren anderen Ländern ausgeschlossen worden – Italien, Slowakei und Brasilien – und in weiteren (z. B. Argentinien) der Korruption beschuldigt worden.

Ein anderer Ansatz, um Unternehmen wegen Bestechung zu bestrafen, sind außergerichtliche Vergleichsverfahren. Die Regierung der Philippinen ging auf diese Weise gegen Westinghouse vor, nachdem dieses Unternehmen in den 1980er Jahren auf der Halbinsel Bataan ein Atomkraftwerk gebaut hatte, das nie seinen Betrieb aufgenommen hatte und dessen Einmottung im Jahr 1999 beschlossen wurde; das Kraftwerk wurde nie in Betrieb genommen, da es zu nahe an einer Erdbebenbruchlinie und einem Vulkan lag, der 1991 ausbrach. Leider schaffte es die Regierung der Philippinen nicht, die USA zu überzeugen, Westinghouse wegen Bestechung nach dem amerikanischen Foreign Corrupt Practices Act (Gesetz gegen Korrupte Praktiken im Ausland, FCPA) anzuklagen – die Gründe dafür sind bis heute unklar. Trotzdem bleibt noch die Möglichkeit eines Vergleichsverfahrens.

Eine letzte Methode zur Abschreckung ist die Androhung zukünftiger Strafen für jene, die darüber nachdenken, sich an Korruption zu beteiligen; besonders wirksam ist die Drohung, die Alterspensionen zu streichen.

Zuckerbrot – Anreize

Der römische Historiker Tacitus schieb im ersten Jahrhundert unserer Zeitrechnung: »Je korrupter ein Staat ist, umso zahlreicher sind seine Gesetze.« Obwohl diese Feststellung eine pauschale Verallgemeinerung ist, enthält sie doch ein Körnchen Wahrheit, und es ist lohnend, über andere staatliche Möglichkeiten zur Bekämpfung der Korruption nachzudenken, als nur immer neue Vorschriften zu erlassen.

Regierungen können bei ihren Bemühungen zur Reduktion der Korruption eine Reihe von Anreizen einsetzen. Einer davon ist die Verbesserung der Arbeitsbedingungen der Bediensteten, insbesondere ihrer Gehälter; der Erfolg der Anti-Korruptions-Politik von Strafverfolgungsbeamten in Singapur, Georgien und – in geringerem Ausmaß – in Russland wurde von Beobachtern mit den substanziellen Gehaltserhöhungen in Verbindung gebracht. Wie bei den meisten Anti-Korruptions-Maßnahmen ist jedoch auch diese nicht ohne Probleme. Viele der offensichtlich korruptesten Staaten gehören auch zu den ärmsten und könnten es sich nicht leisten, die Gehälter ihrer Beamten auf jene Höhe anzuheben, die nach Meinung von Experten ausreicht, damit ein Rückgang der Korruption einsetzt. Zweitens bedeutet eine einfache Gehaltserhöhung ohne eine gleichzeitige Verstärkung der »Peitschenmaßnahmen« häufig, dass die korrupten Beamten gerne die höheren Gehälter akzeptieren *und* weiterhin Schmiergelder annehmen; sie sind in einer Win-win-Situation, bei der sie doppelt abkassieren, der Staat ist hingegen in einer Lose-lose-Situation, da er seinen Beamten mehr zahlt, ohne die Staatseinnahmen zu erhöhen.

Staaten, die sich eine generelle Gehaltserhöhung für Gruppen von Beamten nicht leisten können, können eine alternative Methode anwenden, die noch immer auf materiellen Anreizen beruht, aber weniger kostspielig ist. Diese besteht darin, Beamte finanziell zu belohnen, die im Kampf gegen Korruption eine (besonders) positive Rolle spielen. Leider kann dieser Ansatz nach hinten losgehen. So entschieden zum Beispiel die ungarischen Behörden vor einigen Jahren, Prämien an Zöllner zu zahlen, die Reisende anzeigten, die ihnen Schmiergelder anboten, damit sie bei geschmuggelten Waren ein Auge zudrückten. Ein Beamter war damit so erfolgreich, dass er mehr verdiente als der Premierminister. Das erschien verdächtig, und die darauf folgende Untersuchung bestätigte, dass der Beamte falsche Beschuldigungen erhoben hatte, um sein Einkommen zu maximieren. Eine Variante dieser Anreizmethode ist die Belohnung von Beamten, die nicht korrupt sind oder korrupte Kollegen anzeigen.

Bisher lag der Schwerpunkt der Anreize bei den Beamten. Staaten können aber auch Bürger ermutigen, Korruption anzuzeigen. Eine gängige Methode ist die Einrichtung von anonymen Hotlines. Eine andere Möglichkeit ist die Entwicklung von Programmen zum Schutz von Zeugen oder Informanten (»whistleblowers«, also Personen, die bekannte oder vermutete Korruption von Dritten melden). Leider sind Schutzprogramme nicht nur relativ kostspielig, sondern den Personen, die Vergehen melden oder gegen einen Verdächtigen als Zeugen vor Gericht aussagen, kann es schlimmer ergehen als den Übeltätern. Informanten aus der eigenen Organisation kommen oft in die Lage, von den Kollegen geschnitten zu werden, und viele werden entweder gekündigt oder entscheiden von sich aus, ihre Arbeitsstelle wegen der schlechten Behandlung durch ihre Kollegen aufzugeben.

Zeugen aus Schutzprogrammen kann es mindestens genauso schlecht ergehen. Zwar beziehen sich solche Programme meist auf Zeugen von Gewaltverbrechen, die von Banden begangen wurden, doch sollte nicht vergessen werden, dass Polizeikorruption ebenfalls mit angedrohter und tatsächlicher Gewalt einhergehen kann. Zu ihrer eigenen Sicherheit wird solchen Zeugen oft eine neue Identität gegeben, und sie werden an einen anderen Ort gebracht. Leider kann das verheerende Auswirkungen auf ihr eigenes Leben haben, da sie häufig fernab von Familie und Freunden in einer fremden Umgebung angesiedelt werden, wo sie ein Leben voller Lügen führen müssen (d. h., sie können ihre wahre Identität nicht preisgeben). Kurz gesagt, diese Form des Anreizes kann wohl zur Strafverfolgung beitragen, sie kann jedoch ernsthafte negative Auswirkungen für jene haben, welche die Behörden unterstützen.

Administrative und technische Maßnahmen

Eine zunehmend gängige administrative Methode, der Korruption entgegenzuwirken, ist die Rotation, bei der Beamte laufend von einem Büro in ein anderes versetzt werden. Die Idee dahinter ist, dass es Zeit braucht, um korrupte Netzwerke aufzubauen, was durch häufige Personalwechsel wahrscheinlich erschwert wird. Während ein in Deutschland durchgeführtes Experiment ein solches Ergebnis nahelegt, sind indische Erfahrungen weniger ermutigend, da sie zeigen, dass leitende Beamte einander mitunter mitteilen, wer bestechlich ist und wer nicht. Zusätzlich können häufige Versetzungen zwischen Dienstorten bedeuten, dass wertvolle Aspekte des kollektiven Gedächtnisses einer Institution und der Erfahrung der Beamten verloren gehen. Rotation hat auch einen potenziellen Nachteil für die Bestechenden, die nun womöglich für eine Leistung zweimal zahlen müssen – einmal an den ursprünglichen korrupten Beamten und dann noch einmal an ihren oder seinen Nachfolger.

Auch bessere Prüfmethoden können bei der Korruptionsbekämpfung eine Rolle spielen. In den Jahren 2003 und 2004 führte der Ökonom Benjamin Olken ein Experiment in mehr als 600 indonesischen Ortschaften durch, die Straßenbau-Projekte abwickelten. Zu Beginn des Experiments wurden lediglich etwa vier Prozent dieser Projekte durch die indonesischen Behörden geprüft. Olken kündigte hingegen in jeder Ortschaft an, dass zukünftig *alle* Projekte geprüft würden. Unter Verwendung einer ausgeklügelten Methodologie errechnete er, dass die »verloren gegangenen Ausgaben« als Folge dieser Initiative im Durchschnitt um mehr als 8 Prozent niedriger waren, was er als eine »Korruptionssteuer« verstand. Seine Schlussfolgerung war, dass Prüfungen von oben eine wirksame Anti-Korruptions-Methode seien; er behauptete außerdem, dass sein Ansatz wirksamer sei als ein Überwachungssystem an der Basis.

Ein etwas technischer Ansatz zur Bekämpfung der Korruption ist die Festlegung von Normen. Angenommen, die Regierung von Mali möchte in der Hauptstadt Bamako einen neuen Flugplatz errichten und holt Angebote dazu ein. Da die Regierung in der Vergangenheit bereits andere größere Infrastrukturprojekte abgewickelt hat und die Kosten von Material und Arbeit in Mali kennt, kann sie die ungefähren Kosten für einen Kilometer Landebahn errechnen und somit eine Norm erstellen – maximale und minimale Kosten in Abhängigkeit von dem, was ein an der Ausschreibung beteiligtes Unternehmen anbietet (z. B. könnte eine raschere Fertigstellung mehr kosten als eine langsamere). Die Regierung sollte dann gegenüber Angeboten misstrauisch sein, die deutlich über oder deutlich unter dieser Norm liegen. Im ersten Fall könnten die Bieter entweder »Nebenkosten« für Korruption bereits einkalkuliert haben (was den Preis erhöht); im zweiten Fall könnten sie beabsichtigen, die für die Beschaffung zuständigen Beamten zu bestechen, niedrige Angebote zu akzeptieren, aus der Überlegung heraus, dass sie später, nachdem sie sich den Zuschlag gesichert haben, massive Kostenüberschreitungen geltend machen können.

Bei der Setzung von Normen ergibt sich das Problem, dass es unklar ist, ob die Normen den potenziellen Bietern bekannt gemacht werden sollten oder nicht. Wenn die Normen geheim gehalten werden, könnten zum Beispiel ausländische Unternehmen gegenüber lokalen benachteiligt sein, da es für sie eventuell schwierig ist, die Kosten genau zu beurteilen, außer sie waren schon früher in der Region tätig. Umgekehrt könnte eine Veröffentlichung der Normen lokale Unternehmen gegenüber ausländischen benachteiligen, da große ausländische Unternehmen Größenvorteile nutzen und weniger Arbeiter beschäftigen könnten, weil sie teure Maschinen besitzen, über die lokale Unternehmen in Entwicklungs- oder Schwellenländern nicht verfügen.

Hinsichtlich der betroffenen Summen ist das Beschaffungswesen einer der wichtigsten Bereiche potenzieller Korruption. Rüstungsaufträge können Millionen – ja sogar Milliarden – Dollar wert sein, und es gibt zahlreiche Beispiele für Hersteller von Militärflugzeugen, die in nennenswertem Umfang Bestechungsgelder an öffentlich Bedienstete gezahlt haben, um sich Aufträge zu sichern. Eine Möglichkeit, dem entgegenzuwirken, ist die Einführung von offenen Online-Ausschreibungen, durch die der gesamte Beschaffungsprozess viel transparenter wird. Leider bevorzugen viele Regierungen, ganz zu schweigen von privaten Herstellern von Rüstungsgütern, Intransparenz bei Rüstungsausgaben, angeblich im Interesse der nationalen Sicherheit.

Online-Ausschreibungen sind nur eine von vielen Anti-Korruptions-Methoden, bei denen technische Methoden verstärkt genutzt werden. Eine weitere ist die Verwendung von Videoüberwachung an strategischen Punkten wie Grenzübergängen, wenn man weiß oder vermutet, dass es unter den Zollbeamten ein hohes Maß an Korruption gibt. Und eine weiträumigere Verwendung automatischer Radarfallen verringert die Möglichkeiten der Verkehrspolizei, Bestechungsgelder von Verkehrsteilnehmern anzunehmen oder zu verlangen.

Da Korruption in den meisten Behörden der meisten Länder vorkommt und da der Großteil der Anti-Korruptions-Maßnahmen Kosten verursacht – welche die Regierungen üblicherweise reduzieren wollen –, ist es für Staaten günstiger, anstatt Korruption insgesamt nur jene Korruption ins Visier zu nehmen, die am schädlichsten erscheint; diese Einschätzung variiert von Land zu Land. In den meisten entwickelten Staaten ist zum Beispiel die Korruption bei der Verkehrspolizei kein großes Problem, während das bei Einsatzgruppen im Bereich von Schwerverbrechen schon häufiger der Fall sein kann, bei denen Polizeibeamte in direkten Kontakt mit Kriminellen kommen, die ihnen möglicherweise beträchtliche Schmiergelder anbieten. Die Staaten müssen daher auf ihre eigenen Risiken (oder Schwachstellen) zugeschnittene Beurteilungen im Hinblick auf eine gezielte Vorgangsweise erstellen.

Sonstige Maßnahmen

Viele Experten sind der Auffassung, dass die wirkungsvollste Methode, Korruption langfristig zu bekämpfen, darin besteht, mehr Vertrauen innerhalb der Gesellschaft zu schaffen sowie die öffentliche Einstellung und Moral durch ethische Bildung zu verändern. Ein Problem ist dabei, dass das eine lange Zeit, manchmal Generationen, dauert. Außerdem arbeiten während dieser Zeit viele Faktoren dagegen, so dass die Wirkung vielleicht letztlich nur gering ist.

Eingeschränkte empirische Hinweise legen jedoch nahe, dass engagierte Seminare (für öffentliche Angestellte, Führungskräfte, Schulkinder usw.) und bestimmte Arten von Kampagnen sich sogar kurzfristig auf die Einstellung zur Korruption auswirken können. Wenn wir uns auf letztere konzentrieren, so gibt es zwei Hauptformen an Kampagnen, von denen die eine meist erfolgreicher ist als die andere. Die erfolgreichere ist jene, bei der die Regierung das öffentliche Bewusstsein verstärkt, was Korruption bedeutet, dass sie untragbar ist und welche Rolle die Bürger bei ihrer Bekämpfung spielen können. Hingegen sind Offensiven, bei denen die Regierungen ihre Absicht erklären, gegen korrupte Beamte streng vorzugehen, in ihrer Wirkung eher beschränkt oder überhaupt kontraproduktiv. Allzu häufig endet diese zweite Form in einem Blinder-Alarm-Syndrom. Den Bürgern sind »neue« Kampagnen nur zu vertraut, die – wie so viele vorangegangene – angeblich Elitekorruption ins Visier nehmen sollen, dann jedoch sehr wenig Ergebnisse liefern; sie werden daher den Behauptungen der Politiker nicht glauben, dass diese Kampagne sich von vorangehenden unterscheidet. Zynismus und Misstrauen werden in der Öffentlichkeit weitverbreitet sein.

Manchmal ist das Problem der Korruption in einem bestimmten Land so ernst, dass ein radikales Vorgehen erforderlich ist. Darunter fällt das von Micheil Saakaschwili als Präsident von Georgien angewandte Vorgehen, alle Angestellten eines bestimmten Bereichs der öffentlichen Verwaltung zu entlassen, diesen Bereich zu schließen und durch einen neuen Bereich mit neuem Personal und einem neuen Image zu ersetzen. Saakaschwili wandte das ab dem Jahr 2004 auf die Verkehrspolizei an und erzielte damit beträchtliche Erfolge.

In manchen Bereichen der staatlichen Verwaltung ist das Personal traditionell überwiegend männlich; die Polizei ist ein naheliegendes Beispiel dafür. Eine innovative Möglichkeit, das Problem der Korruption in solchen Bereichen in Angriff zu nehmen, ist die Veränderung der Zusammensetzung der Geschlechter. Die Verkehrspolizei Perus wurde in den 1990er Jahren von ihrer eigenen Regierung und der Weltbank wegen ihres hohen Ausmaßes an Korruption kritisiert. Die Weltbank schlug vor, mit einer Änderung in der Zusammensetzung der Geschlechter zu experimentieren, da man davon ausging, dass Frauen weniger anfällig für Korruption sind als Männer. Ab dem Jahr 1998 wurde die Verkehrspolizei in Peru in zunehmendem Maß feminisiert. Ein Jahrzehnt später erklärten Sprecher der peruanischen Polizei, dass diese Politik ein großer Erfolg gewesen sei und dass das Korruptionsniveau der Verkehrspolizei wesentlich gesunken sei. Eine ähnliche Politik, ebenfalls zur Reduktion der Korruption bei der Verkehrspolizei, wurde in Mexiko-Stadt eingeführt, kurz nachdem die Peruaner als Vorreiter aufgetreten waren; wiederum waren erste Ergebnisse ermutigend.

Jüngste Untersuchungen der peruanischen Situation durch Sabrina Karim weisen allerdings darauf hin, dass die Feminisierung der Truppe zwar einen Rückgang der Korruption erkennen ließ, die Ergebnisse allerdings weniger beeindruckend und eindeutig sind, als offiziell dargestellt wurde. Die Korrelation zwischen dem Prozentsatz an Frauen in einem bestimmten staatlichen Bereich und dem Ausmaß an Korruption ist nicht so stark, wie bisweilen behauptet wird. Auch wenn die empirischen Belege dafür eher mager sind, wurde argumentiert, dass der Rückgang der Korruption bei einer Feminisierung der Truppe weniger durch den Gender-Aspekt zu erklären sei als durch die Neuheit. Korrupte Netzwerke benötigen zu ihrer Entwicklung Zeit, da Vertrauen zwischen den potenziell korrupten Beamten erst aufgebaut und gehegt werden muss. Die Vermutung ist, dass Frauen genauso korrupt werden können, wenn sie über längere Zeit hinweg eng zusammenarbeiten.

Dabei gibt es jedoch eine interessante Wendung. Das begrenzte Datenmaterial scheint nahezulegen, dass im Allgemeinen Frauen einander mehr vertrauen, als sie Männern trauen, und umgekehrt. In den letzten Jahren hat die polnische Polizei – zum Teil auf dieser Annahme beruhend –, immer wenn das möglich war, Zwei-Personen-Streifen eingeführt, die aus einem weiblichen und einem männlichen Beamten bestehen.

Ein letzter Punkt mit Bezug zur Geschlechterrolle folgt aus Marilyn Corsianos' Forschung über Korruption bei der US-Polizei, dass nämlich Polizistinnen mit geringerer Wahrscheinlichkeit korrupte Netzwerke bilden als Polizisten; wenn das allgemein gültig ist, dann könnte das zur Erklärung beitragen, warum Korruptionsniveaus scheinbar dort niedriger sind, wo der Frauenanteil höher ist.

Eine radikale Wiederherstellung der Ausgewogenheit der Geschlechter ist nicht die einzige innovative Methode, die lateinamerikanische Spitzenpolitiker erprobten, um Korruption zu verringern. Eine andere wurde Mitte der 1990er Jahre in Bogotá, der Hauptstadt Kolumbiens, von ihrem damaligen Bürgermeister Antanas Mockus angewendet. Wie viele lateinamerikanische Städte hatte auch Bogotá ein ernstes Korruptionsproblem mit seiner Verkehrspolizei. Der äußerst originelle Ansatz von Mockus bestand nicht nur aus der Auflösung der Verkehrspolizei – was Saakaschwili ein Jahrzehnt später in Georgien tat –, sondern auch aus dem Einsatz von Pantomimen zur Lösung der städtischen Verkehrsprobleme. Anstatt der Verhängung einer Strafe – oder auch nicht, als Gegenleistung für Schmiergeld – wurden die Verkehrssünder durch ein großes Team von Pantomimen lächerlich gemacht. Das verbesserte nicht nur die Verkehrssituation Bogotás, sondern reduzierte auch Korruption.

Ein vierter radikaler Ansatz beruht auf der Maxime »mit den Wölfen heulen«. Während der 1990er Jahre gab es ein Korruptionsproblem beim rumänischen Militär, das darin bestand, dass Offiziere, die für die Erfassung der Wehrpflichtigen zuständig waren, als Gegenleistung für Schmiergelder häufig Untauglichkeitsbescheinigungen ausstellten. Anstatt diesem Problem mit umfassenderen Kontrollen zu begegnen, ergriff die Regierung die Initiative und schuf für jene, die nicht zum Militärdienst wollten, eine legale Möglichkeit, sich freizukaufen. Das bedeutete, dass ein großer Teil des Geldes – es wird immer ein paar geben, die lieber riskieren, Schmiergeld als die (höhere) staatliche Gebühr zu zahlen –, das bisher in die Taschen der Offiziere geflossen war, nunmehr dem Staat zukam.

Ein letzter radikaler Ansatz besteht darin, allen der Korruption Beschuldigten oder Verdächtigten eine Amnestie zu gewähren. Eine Regierung kann ankündigen, dass sie zurückliegende Fälle nicht überprüfen, allerdings mit Beginn des nächsten Jahres scharf vorgehen wird. Diese Methode sollte nur in

Extremfällen erwogen werden, wenn Korruption so weit verbreitet ist, dass es unrealistisch wäre zu erwarten, dass eine neue Verwaltung auch nur etwas weniger korrupt wäre als jene, die sie ersetzt. Dieser Ansatz hat den entscheidenden Nachteil, dass große Teile der Öffentlichkeit anfänglich verärgert über die Begnadigung öffentlicher Angestellter sein werden, was wiederum die Legitimität des Staates untergräbt. Wenn sich jedoch recht rasch positive Ergebnisse zeigen, dann werden viele Bürger diese Vorgehensweise als das kleinere von zwei Übeln akzeptieren.

Bisher lag der Schwerpunkt auf inländischen Maßnahmen, die von den nationalen Behörden getroffen werden können. Staaten können jedoch auch mit ausländischen Institutionen kooperieren, einschließlich anderer Staaten, und von ihnen lernen. Unsere letzte Gruppe in dem Abschnitt über »sonstige« Maßnahmen bezieht sich darauf, was Staaten über ihre Grenzen hinaus tun können und sollten.

Bis in die 1990er Jahre waren die USA das einzige Land, das Gesetze hatte, die auf Fehlverhalten ihres Unternehmenssektors im Ausland anwendbar waren. Als Folge der Bestechungsskandale bei Lockheed – bei denen festgestellt wurde, dass ein führender US-Hersteller von Militärflugzeugen jahrelang Bestechungsgelder in verschiedenen Ländern gezahlt hatte, um sich ausländische Aufträge zu sichern – und der allgemeinen Stimmung gegen Fehlverhalten in der Folge des Watergate-Skandals erließen die USA im Jahr 1977 das Gesetz gegen Korrupte Tätigkeiten im Ausland (Foreign Corrupt Practices Act, FCPA). Dadurch wurde es für amerikanische Gesellschaften ungesetzlich, im Ausland Bestechungsgelder anzubieten oder zu zahlen, um sich Aufträge zu sichern. Das Gesetz wurde bis in die späten 1990er Jahre in der Praxis kaum angewendet, es war aber ein Vorbild und wurde von den USA herangezogen, um die OECD (Organisation für wirtschaftliche Zusammenarbeit und Entwicklung) zu der in Kapitel 7 dargestellten Konvention gegen Bestechung zu ermutigen. Ein in jüngerer Zeit vom FCPA betroffenes Unternehmen war unter anderem der größte Arbeitgeber der Welt, Wal-Mart, der von der *New York Times* im April 2012 öffentlich der Bestechung in Mexiko beschuldigt wurde; das Unternehmen erklärte im Februar 2014, dass es voraussichtlich mehr als US-$ 200 Millionen im Laufe der nächsten zwölf Monate für die Untersuchung wegen Verletzung des FCPA zahlen müsse.

In den letzten Jahren haben viele andere westliche Staaten ähnliche Gesetze wie das FCPA verabschiedet, wiewohl die meisten Experten sich einig sind, dass das neue Gesetz gegen Bestechung, das im April 2010 in Großbritannien erlassen wurde (und im Juli 2011 in Kraft trat), einen neuen, wesentlich höheren Standard gesetzt hat. Dieses Gesetz, das von manchen als das weltweit strengste Anti-Bestechungs-Gesetz bezeichnet wird, ist umfassend und deckt Bestechung im Inland und im Ausland ab, sowohl für inländische Unternehmen als auch für solche aus dem Ausland, die mit britischen zusammenarbeiten. Während das FCPA Zahlungen zur Vereinfachung (oder »Beschleunigungsgeld«, um bürokratische Abläufe nach erfolgtem Zuschlag zu beschleunigen) erlaubt, sind diese nach dem britischen Bestechungsgesetz illegal.

Staaten können einander bei der Verringerung von Korruption helfen, indem sie Auslieferungen ermöglichen. Leider gestatten viele Länder keine Auslieferung ihrer eigenen Bürger an andere Staaten, selbst wenn diese die Gesetzesverletzung nachweisen können. Das spielt korrupten Beamten und Managern in die Hände.

Eine weitere Möglichkeit besteht darin, dass Staaten Gesetze einführen, die es ihren Banken verbieten, fragliche Einlagen aus dem Ausland anzunehmen, oder die Banken zumindest verpflichten, dass sie die Behörden über verdächtige Einzahlungen benachrichtigen. Als Nachwirkung der Terroranschläge vom 11. September 2001 nahm in den 2000er Jahren der Druck auf die

Staaten zu, ähnliche Gesetze zu erlassen, als klar wurde, dass Terroristen häufig Geld durch Bank-Oasen waschen konnten. Trotz dieses Drucks erlauben eine ganze Reihe von Staaten den Banken weiterhin Geschäftsmethoden, welche der Financial Action Task Force (Arbeitsgruppe für Finanzielle Maßnahmen gegen Geldwäsche, FATF; vgl. Kapitel 7) zufolge die Geldwäsche fördern. Zu Beginn des Jahres 2014 wurde diese Liste von Iran und Nordkorea angeführt – während Länder, die in der Vergangenheit als Bank- und Steueroasen angesehen wurden, wie die Kaimaninseln und Nauru, von der Schwarzen Liste der FATF gestrichen wurden. Zumindest was die Bankgeschäfte betrifft, gibt es für korrupte Beamte immer weniger Orte, um ihre Gelder zu waschen.

Viele Staaten könnten jedoch viel mehr unternehmen, um den Bankensektor zu überwachen, wie der Financial Secrecy Index (Index über Verschleierung im Finanzsektor, FSI) zeigt, der seit 2009 erstellt wird. Obwohl dieser Index das Ausmaß der Korruption innerhalb der erfassten Länder nicht angibt, bietet er doch eine Möglichkeit zu erkennen, in welchem Umfang Länder an der Korruption mitschuldig sind.

Aus Tabelle 10 geht offensichtlich hervor, dass fast alle Hoheitsgebiete, die am meisten geheim halten, sehr kleine Bevölkerungen haben. Nicht daraus hervor geht allerdings, dass die zwei Länder, deren Bankensysteme unter den 82 im Jahr 2013 geprüften Hoheitsgebieten als besonders transparent beurteilt wurden, Dänemark und Schweden mit 33 bzw. 32 Punkten sind; Großbritannien hat 40 Punkte. Während die skandinavischen Ergebnisse wenig überraschend sind, ist es – unter Berücksichtigung anderer bereits betrachteter Einschätzungen – bemerkenswert, dass Spanien und Italien (36 bzw. 39 Punkte) zwei weitere Länder mit relativ transparenten Bankensystemen sind.

Man könnte nun argumentieren, dass Tabelle 10 irreführend ist, da sie Hoheitsgebiete nach ihrer finanziellen Transparenz reiht. Das Tax Justice Network (Netzwerk für Gerechte Besteue-

Tabelle 10 Staaten, die ihre Maßnahmen zur Regulierung der Finanzströme, zur internationalen Kooperation und zur Bekämpfung der Geldwäsche am stärksten geheim halten (basierend auf dem FSI 2013; skaliert auf Basis 100)

Rang	Hoheitsgebiet	Geheimhaltungspunkte
1	Samoa	88
2	Vanuatu	87
3	Seychellen	85
4=	Santa Lucia	84
4=	Brunei Daressalam	84
6	Liberia	83
7	Marshallinseln	82
8	Barbados	81
9=	Antigua & Barbuda	80
9=	Bahamas	80
9=	Belize	80
9=	Bermuda	80
9=	Malaysia	80
9=	Mauritius	80
9=	San Marino	80
9=	Saint Kitts and Nevis	80

rung), das den FSI veröffentlicht, bevorzugt eine Reihung der Länder vor allem nach dem *Wert* der finanziellen Geheimhaltung; dieser wird nicht einfach in Geldeinheiten berechnet, sondern auf Basis einer komplizierten mathematischen Formel, die uns hier nicht länger aufhalten muss. Unter Verwendung dieser Methode schauen die zehn schlechtesten Länder ganz anders aus (Tabelle 11); einige wichtige entwickelte Länder müssen sich ganz klar mit dem Problem von Steuer- und Bankoasen befassen.

In Kapitel 1 wurde das Problem der Unterscheidung zwischen einem Geschenk und einer Bestechung behandelt und die Aussage getroffen, dass es zwischen den Kulturen große Unterschiede

Tabelle 11 Der FSI 2013 – die zehn schlimmsten Übeltäter

Rang	Hoheitsgebiet
1	Schweiz
2	Luxemburg
3	Hongkong
4	Kaimaninseln
5	Singapur
6	USA
7	Libanon
8	Deutschland
9	Jersey
10	Japan

bei deren Interpretation gibt. Das ist ein Bereich, in dem Staaten besser die gegenseitigen Standpunkte und Traditionen verstehen müssen. Erfreulicherweise gibt es einen wachsenden Trend, Geschenke und Bestechung quantitativ, wenn schon nicht qualitativ, zu unterscheiden. Immer mehr Regierungen erkennen es inzwischen an, dass es beleidigend sein kann, wenn ihre Beamten echte Geschenke zurückweisen, die ihnen von Beamten aus anderen Staaten und Kulturen angeboten werden, so dass sich eine Kompromissposition herausbildet. Diese besteht darin, den Höchstwert für ein Geschenk festzulegen, meist zwischen 100 und 150 US-Dollar. Selbstverständlich ist stets die Gefahr gegeben, dass jemandem heute 150 US-Dollar angeboten werden, und dann jeden Tag von Neuem während mehrerer Monate, so dass das Geschenk in der Summe eine Bestechung darstellt; Gesetzgebung, die Geschenke erlaubt, muss daher textlich so gefasst sein, dass es verboten ist, die Unterscheidung zwischen einem Geschenk und einer Bestechung zu umgehen.

Eine letzte Möglichkeit, wie Staaten einander indirekt im Kampf gegen Korruption helfen können, besteht darin, mit gutem Beispiel voranzugehen. Wenn entwickelte Staaten Schwellen- und Entwicklungsländer wegen Korruption kritisieren, so müssen sie alles erdenklich Mögliche unternehmen, um ihr eigenes Haus in Ordnung zu halten; wer mit Steinen wirft, wenn er selbst im Glashaus sitzt, wird nicht zu einer globalen Reduktion von Korruption beitragen.

Ein Schlüsselfaktor bei der Bekämpfung von Korruption ist der politische Wille. Leider scheint der allzu oft zu fehlen. Eine wachsende Zahl von Staaten zeigt jedoch bereits den erforderlichen politischen Willen, zum Beispiel indem sie korrupte Beamte bestrafen, unabhängig davon, wie hochrangig diese sind oder waren. Allein zwischen 2012 und 2014 erhielten unter anderem ehemalige Premierminister von Ägypten, Israel, Kamerun, Kroatien, Slowenien und Rumänien Gefängnisstrafen wegen Korruption.

Manche Regierungen senden jedoch noch immer gemischte Signale aus. Während China unter Xi Jinping zwar ernsthafte Anstrengungen unternimmt, die Korruption im Lande einzudämmen, wurden vier chinesische Anti-Korruptions-Aktivisten im April 2014 zu Gefängnisstrafen zwischen zwei und dreieinhalb Jahren verurteilt, weil sie sich öffentlich dafür eingesetzt hatten, dass von Staatsbeamten verlangt wird, ihr Vermögen offenzulegen. Regierungen, die annehmen, dass sie die einzigen Handelnden sind, die eine Rolle bei der Bekämpfung von Korruption spielen, sind ernsthaft fehlgeleitet.

Der in Harvard lehrende Politikwissenschaftler Joseph Nye prägte im Jahr 1990 den Begriff der »sanften Macht« (»soft power«), um darauf hinzuweisen, dass es zweckmäßig ist, internationale Beziehungen vermehrt durch Dialog und weniger durch Gewaltanwendung (was »harte Macht« wäre) zu verbessern. In den 2000er Jahren argumentierte er, dass die USA in ihren Beziehungen zu anderen Staaten eine Politik der »klugen Macht« (»smart power«) verfolgen sollten, womit er eine Kombination von harter und sanfter Macht meinte. Bei der Bekämpfung von

Korruption benötigt man »kluge Anti-Korruptions-Maßnahmen« (»smart anti-corruption«), womit eine Kombination von Zuckerbrot, Peitsche und anderen Ansätzen gemeint ist. Die Mischung wird jedoch von Land zu Land verschieden sein, je nach Kultur, der Ausprägung des Politik- und Wirtschaftssystems und den vorhandenen Ressourcen; die Anwendung eines für alle gleichen Universalkonzepts wird nicht nur nicht funktionieren, sondern kann in der Tat kontraproduktiv sein, indem dadurch Länder entfremdet werden, die das Gefühl haben, dass ihnen etwas unfair aufgezwungen wird. Dennoch zeigt die Palette an Anti-Korruptions-Maßnahmen, die in dieser bei weitem nicht erschöpfenden Analyse berücksichtigt wurden, dass man viel unternehmen kann, vorausgesetzt, es gibt eine ausreichende politische Bereitschaft und Fähigkeit dazu.

7 Was kann sonst noch getan werden?

Der Staat ist lediglich einer von vielen Akteuren, die bei der Kontrolle von Korruption eine Rolle spielen. In diesem abschließenden Kapitel sehen wir uns an, was Internationale Organisationen, die Wirtschaft und die Zivilgesellschaft beitragen können, bevor wir die Gesamtanstrengung bei der Bekämpfung von Korruption evaluieren.

Internationale Organisationen

Wie bereits festgestellt, hat die internationale Gemeinschaft erst in den letzten rund zwanzig Jahren ihre Aufmerksamkeit auf Korruption gerichtet. Ein Grund dafür ist, dass der Westen, der seit den 1990er Jahren die wesentliche treibende Kraft im Kampf gegen Korruption war, wenig Interesse daran hatte, während des Kalten Kriegs eine internationale Anti-Korruptions-Agenda voranzutreiben. Vor allem die USA wollten ihre Verbündeten nicht mit einer Kritik wegen Korruption verunsichern; aber sie wollten auch Entwicklungsländer nicht kritisieren, was diese hätte veranlassen können, ins Lager der Sowjetunion überzuwechseln. Sobald jedoch der Kalte Krieg vorbei war, ging auch die Schonzeit zu Ende. In den frühen 1990er Jahren begannen sich die USA immer deutlicher zu beschweren, dass ihre Unternehmen Auslandsgeschäfte an Unternehmen verloren, die in anderen entwickelten Ländern beheimatet waren, die keine mit dem FCPA vergleichbaren Gesetze hatten (siehe Kapitel 6). Kurz gesagt, die Amerikaner wollten gleich lange Spieße im internationalen Wettbewerb.

Vor diesem Hintergrund veröffentlichte die OECD im Jahr 1994 »Empfehlungen über Bestechlichkeit bei Internationalen Geschäften«, die viele als den ersten größeren Versuch ansahen, etwas an der Lage zu ändern. Wie schon der Titel andeutet, handelt es sich jedoch nur um eine Reihe von Vorschlägen; letzten

Endes hatten aber auch die Amerikaner das FCPA ohnehin kaum angewendet.

Zum Teil wegen des wachsenden Einflusses von Transparency International und der Tatsache, dass die Weltbank im Jahr 1995 nach der Ernennung von James Wolfensohn zu ihrem Leiter Korruption ernsthaft ins Visier nahm, wurde der internationalen Gemeinschaft gegen Ende der 1990er Jahre in immer höherem Maße bewusst, dass Korruption ein gravierendes Problem darstellt. Mit der Konvention gegen Bestechung, die im Jahr 1997 angenommen wurde und im Jahr 1999 in Kraft trat, bekamen die Empfehlungen der OECD mehr Biss. Diese Konvention begründete »rechtlich bindende Standards«: Staaten, welche sie ratifizierten, waren verpflichtet, eine nationale Gesetzgebung zu verabschieden oder derart zu modifizieren, dass sie der Konvention entsprach.

Ein spürbarer Effekt der OECD-Konvention war, dass mehrere entwickelte Staaten – einschließlich Australien, Deutschland und die Niederlande – ihren Unternehmen nicht mehr erlauben durften, Bestechungsgelder, die im Zusammenhang mit Auslandsgeschäften gezahlt worden waren, als Ausgaben steuerlich geltend zu machen. Die Konvention, der inzwischen alle 34 OECD-Mitgliedsstaaten plus 7 weitere Länder (Argentinien, Brasilien, Bulgarien, Kolumbien, Lettland, Russland und Südafrika) angehören, wurde seit 1999 einige Male verstärkt, insbesondere in den Jahren 2009 und 2011. Sie wird von der OECD selbst als »das erste und einzige internationale Anti-Korruptions-Instrument bezeichnet, das auf die »Angebotsseite« der Bestechungstransaktion ausgerichtet ist« – was bedeutet, dass sie sich gegen das Fehlverhalten des Unternehmenssektors richtet, der Schmiergelder anbietet oder zahlt, anstatt auf die Beamten, die diese annehmen oder verlangen.

In engem Zusammenhang mit der OECD steht die Financial Action Task Force (FATF). Sie wurde im Jahr 1989 auf Initiative der G7-Gruppe führender Industrienationen eingerichtet und mit der Bekämpfung von Geldwäsche beauftragt. Ursprünglich lag ihr Hauptaugenmerk auf dem organisierten Verbrechen. Ihre Interessen weiteten sich jedoch rasch auf den Terrorismus aus und in weiterer Folge auf Korruption; die Anschläge vom 11. September 2001 waren dabei ein wesentlicher Impuls. Seit dem Jahr 2010 hat sie ihre Anti-Korruptions-Anstrengungen verstärkt und damit begonnen, mit der Anti-Korruptions-Arbeitsgruppe der G20 eng in der Frage zu kooperieren, wie man Geldwäsche im Zusammenhang mit Korruption am besten bekämpfen kann. Seit 2011 hat sie eine Reihe von Berichten dazu veröffentlicht.

Zwar ist die OECD-Konvention nur auf etwa ein Fünftel der Staaten und Hoheitsgebiete der Welt anwendbar, diese sind jedoch über den gesamten Globus verteilt. Zusätzlich wurde seit Mitte der 1990er Jahre eine Reihe von regionalen Anti-Korruptions-Konventionen verabschiedet. Die erste war die Interamerikanische Konvention gegen Korruption (Inter-American Convention against Corruption), die im Jahr 1996 von den 35 Mitgliedsstaaten der Organisation Amerikanischer Staaten (OAS) angenommen wurde. In jüngerer Zeit verabschiedeten die 53 Mitgliedsstaaten der Afrikanischen Union im Jahr 2003 ihre Konvention zur Verhinderung und Bekämpfung von Korruption (in Kraft getreten im Jahr 2006).

Nach allgemeiner Auffassung hat die EU im Jahr 1995 begonnen, ihre Aufmerksamkeit auf Korruption zu richten; sie erstellte eine Konvention gegen Korruption unter ihren eigenen Beamten und jenen der Mitgliedsstaaten. Dem folgte im Jahr 2003 eine »Umfassende Politik gegen Korruption«. Zusätzlich stellt sie gezielt Bedingungen. Als die EU zum Beispiel ihren Fahrplan zur Erweiterung (*Agenda 2000*) im Jahr 1997 veröffentlichte, erstellte sie auch individuelle Analysen der Bedingungen, die jeder post-kommunistische Kandidatenstaat erfüllen müsste, um aufgenommen zu werden. Als einziges Thema im Abschnitt »Politische Kriterien« enthielt jede der zehn individuellen Analysen das Erfordernis, den Kampf gegen Korruption zu verstärken.

Eine weitere größere europäische Institution, der Europarat mit 47 Mitgliedsstaaten (alle europäischen Staaten mit Ausnahme von Weißrussland und dem Vatikan-Staat), verabschiedete in den späten 1990er und frühen 2000er Jahren eine Reihe von Übereinkommen und anderen Dokumenten, um der Korruption entgegenzuwirken. Das erste waren die »Zwanzig Leitlinien für den Kampf gegen Korruption« aus dem Jahr 1997, auf die im Jahr 1999 sowohl strafrechtliche als auch zivilrechtliche Konventionen gegen Korruption folgten; erstere wurden im Jahr 2003 (mit Wirkung ab 2005) verstärkt. Der Europarat hat auch Empfehlungen für einen Verhaltenskodex von öffentlich Bediensteten (2000) und zur Parteienfinanzierung (2003) erarbeitet.

Während der Europarat nur eingeschränkte Möglichkeiten hat, die Einhaltung der Regeln durch seine Mitgliedsstaaten sicherzustellen, hat die Organisation »Staatengruppe gegen Korruption« (Group d'états contre la corruption, GRECO), die er 1999 eingerichtet hat, um die Einhaltung der Regelungen durch die Staaten mit ihren Anti-Korruptions-Instrumenten zu beobachten, einigen Erfolg erzielt. Im Jahr 2012 begann GRECO mit der Analyse der Gender-Dimension von Korruption, einschließlich der unterschiedlichen Auswirkungen auf Männer und Frauen, was bei allen, die gegen Korruption kämpfen, zunehmend Aufmerksamkeit erlangt hat.

Schließlich hat der Europarat, manchmal gemeinsam mit der EU, eine Reihe von Anti-Korruptions-Programmen initiiert, die auf bestimmte Länder oder Regionen ausgerichtet sind. Sie umfassen die »Octopus«-Projekte der späten 1990er Jahre, die Programme RUCOLA[2] (2006/07) und PRECOP[3] (2013–2015) in

2 Russian Federation – Development of Legislative and Other Measures for the Prevention of Corruption (Russische Föderation – Entwicklung legislativer und sonstiger Maßnahmen zur Verhinderung der Korruption).

3 Protection of the Entrepreneurs Rights in the Russian Federation

Russland und SNAC-Süd[4] in Marokko und Tunesien (2012–2014); einige dieser Programme zeigen, dass der Europarat manchmal über Europa hinaus tätig wird.

Von allen Anti-Korruptions-Konventionen wird UNCAC (United Nations Convention Against Corruption) von der größten Zahl an Staaten unterstützt. Sie war gegen Ende des Jahres 2003 unterschriftsreif und trat im Dezember 2005 in Kraft, es handelt sich also um ein relativ neues Dokument; bis zum April 2014 traten 140 Unterzeichner und 171 Vertragsstaaten der UNCAC bei. Die UNO selbst bezeichnet es als das erste weltweit rechtsverbindliche Anti-Korruptions-Dokument (wie bereits festgestellt, umfasst die OECD-Konvention lediglich 41 Unterzeichner), UNCAC wird von manchen als der »Goldstandard« der Anti-Korruptions-Dokumente angesehen, obwohl es eigentlich keine Definition von Korruption enthält.

Internationale Strafverfolgungsbehörden haben bei der Korruptionsbekämpfung ebenfalls eine Rolle zu spielen. Die wichtigste, Interpol, hat eine eigene Gruppe von Spezialisten – die Interpol-Expertengruppe für Korruption (Interpol Group of Experts on Corruption, IGEC) –, die kurz nach der ersten Anti-Korruptions-Konferenz von Interpol im Jahr 1998 eingerichtet wurde. Die IGEC hat einige »globale Standards« gesetzt, die insbesondere auf den Abbau von Korruption innerhalb der Polizei abzielen. Interpol sieht als eine ihrer Hauptrollen im Kampf gegen Korruption die Wiederbeschaffung von Vermögenswerten, d. h. die Rückgabe gestohlenen Vermögens an die geschädigten Länder. In den letzten Jahren hat sie Korruption im Sport ins Visier genommen, zum Beispiel die Manipulation von Wettkämpfen.

Bisher lag das Hauptaugenmerk auf Ansätzen zur Prävention und zur Bestrafung. Internationale Organisationen können je-

from Corrupt Practices (Schutz der Unternehmensrechte vor Korruption in der Russischen Föderation).

4 Southern Neighbourhood Against Corruption (Südliche Nachbarstaaten gegen Korruption).

doch auch eine ermutigende Rolle durch positive Stellungnahmen spielen. So lobte der Europarat zum Beispiel im Jahr 2013 die Niederlande für ihr Vorgehen beim Kampf gegen Korruption unter Parlamentsabgeordneten und Richtern.

Während in den letzten Jahren die meisten Internationalen Organisationen politische Maßnahmen zur Verringerung der Korruption eingeführt haben, wurde die Welthandelsorganisation (WTO) kritisiert, dass sie auf diesem Gebiet zu wenig unternimmt. Die 1995 gegründete WTO begann im Jahr 1996 über Möglichkeiten zur Verringerung der Korruption im öffentlichen Beschaffungswesen nachzudenken; externe Beobachter haben jedoch in der Vergangenheit festgestellt, dass die WTO wenig Fortschritte gemacht hat. Insbesondere hat Peter Eigen, damals Chef von Transparency International, im Jahr 2003 einen Artikel veröffentlicht, in dem er ausdrücklich den mangelnden Fortschritt der WTO im Kampf gegen die Korruption im öffentlichen Beschaffungswesen kritisiert. Das Revidierte Übereinkommen über das Öffentliche Beschaffungswesen, das im Jahr 2014 in Kraft trat, bezog sich zwar auf Korruption, allerdings nur flüchtig, und hatte im Wesentlichen nur Alibicharakter.

Die Internationale Handelskammer hat der WTO ebenfalls nahegelegt, eine entschiedenere Haltung einzunehmen, und sie dringend dazu aufgefordert, Korruption zu einem der verbotenen nicht-tarifären Handelshemmnisse zu erklären, was allerdings nicht geschehen ist. Während der Wissenschaftler Padideh Ala'I argumentiert hat, dass der Schwerpunkt, den die WTO auf die Notwendigkeit einer größeren Transparenz im Außenhandel gelegt hat, zum Kampf gegen Korruption beigetragen hat, hat Philip M. Nichols zu Recht darauf hingewiesen, dass die WTO grundsätzlich in einer stärkeren Position bei der Bekämpfung von Korruption im Außenhandel ist als die meisten Internationalen Organisationen. Das ist zwar richtig, bedeutet allerdings wenig, wenn dieses Potenzial nicht genützt wird;

die von den »Mitgliedsstaaten getriebene«, auf Konsens ausgerichtete Herangehensweise hat die WTO in vielen wichtigen Fragen zu einem zahnlosen Tiger gemacht.

Banken und transnationale Unternehmen

Max Weber argumentierte zu Anfang des 20. Jahrhunderts, dass die beste Kontrolle der staatlichen Bürokratie, und damit auch der Korruption, eine starke, unabhängig vom Staat bestehende Unternehmerklasse sei. Leider sind Wirtschaft und Staat in vielen Ländern allzu intim miteinander verflochten, was für die Korruptionskontrolle nichts Gutes ahnen lässt. Aber sowohl Banken als auch der Unternehmenssektor können grundsätzlich eine bedeutende Rolle im Kampf gegen Korruption spielen.

Zwar erfüllen zwei Internationale Finanzinstitutionen, nämlich der IWF und die Weltbank, nach Ansicht vieler im Wesentlichen ähnliche Aufgaben, nur leider stimmt das nicht. Auf dem Gebiet der Anti-Korruptions-Maßnahmen war die Weltbank viel aktiver als der IWF. Während der IWF Transparenz als Teil seines Schwerpunkts zur Verbreitung verantwortungsbewusster Regierungsführung (»good governance«) fördert, liegt sein praktischer Fokus im Zusammenhang mit Korruption auf der Bekämpfung der Geldwäsche. Die Weltbank hingegen hat seit Mitte der 1990er Jahre auf verschiedene Art und Weise an der Verringerung von Korruption gearbeitet. Ihre innovativen Methoden zur Identifikation und Messung von Korruption wurden in Kapitel 3 erläutert; seit 1999 hat die Weltbank auch Unternehmen und einzelne Personen ausgeschlossen (d. h. auf eine schwarze Liste gesetzt), die sich auf verschiedene Weise Verfehlungen im internationalen Handel schuldig gemacht hatten, einschließlich der Umgehung von Sanktionen und Korruption. Seit dem Jahr 2011 hat die Weltbank die potenziellen Auswirkungen solcher Ausschlüsse verstärkt, indem sie ihre eigene Liste mit jenen der Asian Development Bank (Asiatische Entwicklungsbank), der Europäischen Bank für Wiederaufbau und Entwicklung und der Inter-American Development Bank abstimmt.

Eine der umstrittensten Maßnahmen sowohl der Weltbank als auch des IWF ist die Kündigung oder die vorübergehende Sperre von Krediten wegen Korruption. Beide sperrten aus diesem Grund im Jahr 1997 Kredite an Kenia. In jüngerer Zeit stornierte die Weltbank einen Kredit über 1,2 Milliarden US-Dollar an Bangladesch für den geplanten Bau der längsten Brücke des Landes, da Beamte Bangladeschs im Verdacht der Korruption durch ein kanadisches Ingenieurbüro standen.

Manchmal lobt, manchmal kritisiert die Weltbank – wie andere internationale Organisationen auch. So gratulierte sie im Jahr 2002 Rumänien zu seinen Anstrengungen, Korruption im Justizwesen zu reduzieren (allerdings kritisierte in der Folge die EU ihrerseits Rumänien, dass es zu wenig zur Bekämpfung der Korruption seiner Richter unternehme).

Als Reaktion auf Kritik ergriffen private Kreditinstitute Maßnahmen gegen Geldwäsche, die vor allem Auswirkungen auf die Korruption der Eliten hat. Im Jahr 2000 schlossen sich elf führende Banken zur Wolfsberg-Gruppe zusammen, die eine Reihe von Prinzipien gegen Geldwäsche aufstellte. Die Gruppe arbeitet weiterhin Prinzipien und Richtlinien aus, viele mit Bezug zu Bankgeschäften – wie Korrespondenzbankbeziehungen und wirtschaftliches Eigentum –, die zwar für den Kampf gegen Korruption von großer Bedeutung, allerdings für eine solche Einführung etwas zu technisch sind.

Es wurde festgestellt, dass viele Menschen heutzutage auch den Unternehmensbereich als potenziell korrupt, d. h. als Empfänger und nicht nur als Zahler von Bestechungsgeldern, einstufen. Unabhängig davon, ob man diese weite Definition von Korruption anwendet oder die enge, die auf Beamte abstellt, ist es unbestritten, dass der private Sektor ein wichtiger Akteur bei der globalen Korruption ist. Während die westliche Presse seit dem

Beginn des Millenniums durch die detailreiche Berichterstattung über die Verfehlungen von Unternehmen wie AWB (mit Hauptsitz in Australien), SNC-Lavalin (ansässig in Kanada) und zahlreichen anderen voll auf ihre Kosten kam, werden die Anstrengungen, die der Wirtschaftssektor im Kampf gegen Korruption unternehmen kann und auch unternimmt, viel weniger berücksichtigt. Und es gibt tatsächlich viele Möglichkeiten.

Eine geringe Anzahl von Unternehmen hat sich in letzter Zeit aus Ländern wegen deren Korruptionssituation zurückgezogen oder zumindest damit gedroht. Ein Beispiel für letzteres ist IKEA in Russland, Unilever hat sich hingegen 1997 aus Bulgarien (für etwa drei Jahre) wegen der dort herrschenden Korruption zurückgezogen.

Viele private Unternehmen haben in letzter Zeit Ethik-Richtlinien angenommen, um zumindest symbolisch – und in manchen Fällen aus echter Besorgnis – ihr Engagement zur Stärkung des Bewusstseins ihrer Beschäftigten für die Notwendigkeit von Integrität in Geschäftsbeziehungen zu demonstrieren. Diese Richtlinien betonen normalerweise, dass Bestechung völlig inakzeptabel sei. Im Fall von Siemens, einem der transnationalen Unternehmen, dem ein besonders unethisches Verhalten in der Vergangenheit nachgewiesen wurde, hat die Geschäftsleitung seit dem Jahr 2008 ein Compliance-Programm (etwa: Programm zur Einhaltung von Regeln) entwickelt; Siemens wird seither als Modell angesehen, wie ein Unternehmen sich bemühen kann, seinen Ruf wiederherzustellen.

Zumindest seit den frühen 1990er Jahren stellen immer mehr Unternehmen in ihren jährlichen Geschäftsberichten nicht nur die Finanzergebnisse – das traditionelle Ergebnis unterm Strich –, sondern auch ihre Leistungen im sozialen und im Umweltschutzbereich dar. So haben sie vielleicht Sportler bei der Teilnahme an den Olympischen Spielen gefördert oder ihre CO_2-Emissionen reduziert. Diese dreifache Bilanzierung – auch als 3P-Ansatz, nämlich »people, planet, profit« (»Personen, Planet, Profit«) bekannt – wird meist als in der Form eines »Nachhaltigkeitsberichts« präsentiert. In jüngster Zeit hat es jedoch eine Bewegung gegeben, eine viertes Ziel hinzuzufügen, nämlich Governance. Das hieße, dass Unternehmen auch darüber berichten, was sie zur Reduktion von Bestechung und Korruption unternommen haben. Die Befürworter dieser »vierfachen Bilanzierung« argumentieren, dass den Unternehmen der Bericht über eine vierte Bilanzkategorie nutzen würde, da es den Ruf des Unternehmens fördere. Obwohl die Beweislage dafür gemischt ist, wird behauptet, dass ein Unternehmen Marktanteile verlieren wird, wenn es einen schlechten Ruf entwickelt: Dies mag stimmen oder auch nicht, in der Tat berücksichtigen viele Unternehmen bei wichtigen Entscheidungen ihr »Reputationsrisiko«.

Zivilgesellschaft im Inland und im Ausland

Zwar kann man das Konzept einer Zivilgesellschaft bis zu Aristoteles zurückverfolgen, doch zum wichtigen Gegenstand auf der Agenda der Sozialwissenschaften wurde es im 18. Jahrhundert. Seit dieser Zeit hat der Begriff eine lückenhafte Geschichte, und es gibt noch immer keine Übereinstimmung darüber, was er wirklich bedeutet. Da die Rolle der Wirtschaft bereits betrachtet wurde, werden wir uns der Analyse der anderen Hauptkomponenten der Zivilgesellschaft zuwenden, nämlich den Massenmedien, den Nichtregierungsorganisationen (NGO für *non-governmental organisation*) und den sozialen Medien.

In einem gut funktionierenden demokratischen System haben die Massenmedien, sowohl die elektronischen als auch die Printmedien, eine wichtige Rolle im Kampf gegen Korruption zu spielen. Sie können zu Anschuldigungen recherchieren, ihre Erkenntnisse veröffentlichen und damit sowohl direkt als auch indirekt Druck auf die Behörden zu deren Verfolgung ausüben. Leider erfreuen sich in vielen Ländern die Massenmedien nicht der Autonomie, die ihnen zustehen sollte. Zur Beschreibung der verschiedenen Rollen und des Wesens der Medien verwendet Rodney Tiffen eine Metapher aus der Welt der Hunde und teilt sie damit in fünf mögliche Kategorien ein: der Wachhund (die ideale Rolle der Medien); der mit einem Maulkorb versehene Wachhund (die Medien sind ernstlich eingeschränkt, nicht nur durch Zensur, sondern auch durch Verleumdungsgesetze, die erheblich zugunsten der Interessen derjenigen verzerrt sind, die von den Medien des Fehlverhaltens beschuldigt werden); der Schoßhund (die Medien lassen sich von den politischen Eliten manipulieren); die kläffende Meute (die Medien wirbeln viel Staub auf, kopieren einander häufig, recherchieren die Fälle nicht gründlich und spielen auch keine konstruktive Rolle); und der Wolf (die gefährlichste Art, bei der die Medien sorglos mit einer korrekten Recherche der Anschuldigungen umgehen und verantwortungslos veröffentlichen, wodurch sie den öffentlichen Zynismus steigern und die Legitimität des Systems untergraben).

Aus Tiffens Typologie geht klar hervor, dass die Rolle, welche die Medien im Kampf gegen Korruption spielen, eingeschränkt oder sogar negativ sein kann. Ein Beispiel für letzteres und für das Wachhund-mit-Maulkorb-Szenario ist die Einführung eines Gesetzes in Russland im Jahr 2013, das den Medien verbietet, über Details des Privatvermögens von Familienmitgliedern hoher Beamter zu berichten. Es hatte Anschuldigungen gegeben, dass Mitglieder der Moskauer politischen Eliten unrechtmäßig Besitztümer auf die Namen von Familienmitgliedern – einschließlich von Kindern – registriert hatten, um einen Teil ihres eigenen Vermögens zu verschleiern; unabhängig davon, ob das wahr ist oder nicht, würde jedes Medium, welches darüber recherchieren und seine Ergebnisse veröffentlichen würde, einen Prozess riskieren.

Obwohl die erstmalige Verwendung des Begriffs NGO bis ins Jahr 1945 zurückverfolgt wurde, ist die englische Abkürzung erst seit den 1970er Jahren verbreitet und erst seit den 1990er Jahren wirklich vertraut geworden. Es gibt eine Vielfalt von Nichtregierungsorganisationen, wir wollen nur diejenigen nationalen und internationalen berücksichtigen, die sich dem Kampf gegen Korruption verpflichtet fühlen.

Die bekannteste internationale Anti-Korruptions-NGO ist Transparency International mit Sitz in Berlin, die global agiert, aber auch in vielen Ländern lokale Niederlassungen (»national chapters«) hat. Der führende Kopf der Organisation, Peter Eigen, hatte die Geschäfte der Weltbank in Ostafrika geleitet und wurde mit der Zeit immer wütender über die Art und Weise, wie korrupte lokale Eliten internationale Zahlungen, die zur Unterstützung der Armen gedacht waren, für sich selbst abzweigten. Das veranlasste ihn 1993 zur Gründung von Transparency International; er leitete diese Organisation dann bis zum Jahr 2005.

Zusätzlich zu den verschiedenen Kennzahlen, die wir in vorangehenden Kapiteln erläutert haben, erarbeitet Transparency International praktische »Instrumentarien« (»toolkits«). Aus dem Bewusstsein heraus, dass man an den Kampf gegen Korruption in verschiedenen Kulturen mit verschiedenen Institutionen nicht mit einem »Universalkonzept« (»one-size-fits-all«) herangehen kann, identifiziert und erklärt Transparency International sinnvollerweise verschiedene Methoden (Werkzeuge), die sie all jenen Personen oder Organisationen zur Verfügung stellt, die Korruption bekämpfen wollen und dann daraus die geeigneten Werkzeuge entsprechend ihren lokalen Bedürfnissen und Umständen auswählen.

Eine weitere Initiative der Organisation ist seit den 1990er Jahren die Förderung von »Integritätspakten« im öffentlichen Beschaffungswesen. In den Worten von Transparency International sind Integritätspakte »im Wesentlichen eine Vereinbarung zwischen der staatlichen Institution, die einen Vertrag ausschreibt, und den Unternehmen, die Angebote dafür abgeben, dass sie sich der Bestechung, der Absprache und anderer korrupter Praktiken für die Reichweite des Vertrags enthalten«; sie umfassen ein Überwachungssystem, mit dem NGOs (meist die lokale Niederlassung) sich bemühen werden zu überprüfen, wie weit die Unterzeichner den Integritätspakt in der Praxis erfüllen.

Eine weitere internationale NGO ist das U4 Anti-Corruption Resource Centre in Bergen, Norwegen. Es hat einen von Transparency International etwas abweichenden Fokus, insofern es vor allem darauf ausgerichtet ist, (hauptsächlich europäische) Spendenorganisationen bei der Reduzierung von Korruption im Zusammenhang mit deren Entwicklungshilfe-Programmen zu unterstützen. Allerdings arbeitet das Zentrum eng mit Transparency zusammen, das auch die Beratungsstelle von U4 (den »Help Desk«) von seinem Hauptsitz in Berlin aus betreut. Weitere NGOs und Zusammenschlüsse von NGOs mit internationaler Verbreitung sind unter anderem Global Witness (»Globale Zeugen«) und Global Integrity (»Globale Integrität«).

Es gibt außerdem in den meisten Ländern der Welt viele individuelle inländische Anti-Korruptions-NGOs. Viele von ihnen – mehr als 350 Organisationen in mehr als 100 Staaten – sind durch die UNCAC-Koalition untereinander verbunden. Diese Koalition wurde im Jahr 2006 eingerichtet, um die Arbeit und den Erfahrungsaustausch über die besten Praktiken der einzelnen NGOs zu koordinieren. Ein anderes globales Netzwerk ist Publish What You Pay (PWYP, »Veröffentliche, was du zahlst«), zu dem weltweit 800 Organisationen der Zivilgesellschaft gehören und das seinen Fokus auf Korruption und anderes Fehlverhalten im Rohstoffsektor gerichtet hat.

Bis jetzt lag der Schwerpunkt auf formell organisierten Institutionen, für die Anti-Korruptions-Aktivitäten entweder das Hauptanliegen oder ein wesentliches Ziel sind. Bisweilen ist jedoch die breite Öffentlichkeit sogar einflussreicher als diese Institutionen. Eine einfache Möglichkeit für den einfachen Bürger, Korruption zu bekämpfen, ist die Meldung bekannter oder vermuteter Fälle oder einfach die Unterbreitung von Vorschlägen, wie man Korruption bekämpfen kann; dies bedarf zwar oft technischer Hilfsmittel, wie den Zugang zu einem Telefon oder einem Computer, doch das muss nicht so sein (siehe Abbildung 6). Eine andere Möglichkeit für die Bürger ist die Weigerung, Schmiergelder zu zahlen. Leider ist das oft leichter gesagt als getan: Wenn die einzige Chance, eine potenziell lebensrettende medizinische Behandlung für sich selbst oder seine Familie zu erhalten, darin besteht, den Ärzten, die eigentlich kostenlose Gesundheitsleistungen erbringen sollten, Schmiergelder anzubieten, so ist es nur allzu verständlich, dass viele so handeln werden.

Es gibt jedoch auch noch weitere Möglichkeiten, wie die Öffentlichkeit eine wichtige Rolle spielen kann. Soziale Medien erlangen in den unterschiedlichsten Bereichen immer mehr an Bedeutung, auch in der Korruptionsbekämpfung. In Russland ist der bekannteste Blogger über Korruption, insbesondere im öffentlichen Beschaffungswesen, Alexander Nawalnyj. Seine kritischen Blogs haben bei so vielen Russen ein Echo gefunden, dass er einmal sogar als ernsthafter Präsidentschaftskandidat für 2018 gehandelt wurde. Auf globalem Niveau hat Facebook nunmehr eine Seite, auf der korrupte Politiker und Beamte benannt und an den Pranger gestellt werden können (»Name and shame your corrupt politicians and Public Servants«).

Frank Vogl betonte in seinem Buch aus dem Jahr 2012 die Rolle von »Twitter«, das er als einen bedeutenden Faktor bei der Verbesserung des politischen Bewusstseins in einigen von jenen Ländern einschätzte, die den sogenannten Arabischen Frühling erlebt haben, und auch als eine schlagkräftige Waffe im Kampf gegen Korruption. Es ist keine Frage, dass Twittern rasch Tausende Menschen mobilisieren kann, um gegen verschiedene Formen des Unrechts, einschließlich Korruption, zu protestieren; in den letzten Jahren hat es dazu beigetragen, Bürger in Argentinien, Brasilien, Bulgarien, Indien, Thailand, der Türkei, der Ukraine, den USA und vielen anderen Ländern wachzurütteln, um an Massenprotesten gegen Korruption teilzunehmen (Abbildung 7).

6 Ein Kasten für Anti-Korruptions-Vorschläge in Kenia: Kampf gegen Korruption mit einfachen technischen Mitteln

Während manche Massendemonstrationen zum Zusammenbruch des Regimes führten, wurden andere schließlich brutal niedergeschlagen. Doch in letzterem Fall reduzieren die Herrschenden typischerweise ihre eigene Legitimität und machen damit ihren letztendlichen Untergang umso wahrscheinlicher.

Kritik an der Korruptionsbekämpfung

Aus diesem Kapitel ging klar hervor, dass das internationale Interesse an Korruption erst etwa zwei Jahrzehnte alt ist. In dieser Zeit ist die Anti-Korruptions-Bewegung nahezu exponentiell gewachsen. Diese Entwicklung hat jedoch von einigen Lagern vor allem aus zwei Gründen Kritik hervorgerufen.

7 Massenproteste gegen Korruption werden in vielen Ländern der Welt immer häufiger

Erstens beschuldigen einige die internationale Anti-Korruptions-Bewegung – oder zumindest Teile davon – des »kulturellen Imperialismus«. Es ist überhaupt keine Frage, dass die Bewegung sich in einigen Aspekten sehr stark in fremde Belange mischt und in die Souveränität eines Landes eingreift. Man muss jedoch zugeben, dass das oft wegen des als hoch wahrgenommenen Ausmaßes an Korruption in so einem Land geschieht, über das seine Bürger zwar aufgebracht sind, zu dessen Bekämpfung sie sich jedoch nicht in der Lage fühlen. Erhebungen zeigen, dass die Öffentlichkeit häufig Institutionen, die von außen kommen, dankbar ist, dass sie ihre Eliten unter Druck setzen, weniger korrupt zu werden, insbesondere wenn das bedeutet, dass Auslandshilfe denjenigen zukommt, die sie am meisten benötigen.

Zweitens behauptet eine wachsende Zahl von Kritikern, die meisten von ihnen Akademiker, dass der Kampf gegen Korruption zum Entstehen einer »Anti-Korruptions-Industrie« geführt hat, die ihr eigenes Interesse daran hat, in der Korruptionsbekämpfung so viele neue Arbeitsplätze wie nur möglich zu schaffen und die Korruptionssituation so düster wie nur möglich erscheinen zu lassen. Wenn die Anti-Korruptions-NGOs und die staatlich finanzierten Anti-Korruptions-Behörden bei der Reduktion der Korruption äußerst erfolgreich sind, so behaupten die Kritiker, könnten sie den Eindruck erwecken, dass sie selbst überflüssig sind und daher finanzielle Unterstützung verlieren oder sogar aufgelöst werden. In gewissem Sinne wird die Anti-Korruptions-Industrie beschuldigt, selbst korrupt zu sein.

Fraglos ist in diesem Argument ein Körnchen Wahrheit. Es kann jedoch nicht unwidersprochen bleiben. So gilt zum Beispiel das Argument über die Überflüssigkeit von Anti-Korruptions-Organisationen nur dann, wenn man annimmt, dass Korruption endgültig ausgemerzt oder, realistischer, *dauerhaft* auf ein »handhabbares« Niveau reduziert wurde. In der Realität taucht Korruption in verschiedenen Erscheinungsformen ständig wieder auf, und die Auflösung von Institutionen zu seiner Bekämpfung würde wahrscheinlich zu einem neuerlichen Anstieg von Korruption führen.

Wenn man die Anti-Korruptions-Industrie kritisiert, besteht somit die reale Gefahr, das Kind mit dem Bade auszuschütten. Zwar ist es unverzichtbar sicherzustellen, dass Anti-Korruptions-Organisationen effizient, verantwortungsbewusst und transparent arbeiten, jedoch dürfen die vielen negativen – manchmal tödlichen – Folgen von Korruption niemals vergessen werden. Allzu viele Kommentatoren sind scharfe Kritiker, machen jedoch, wenn überhaupt, wenige positive Vorschläge zum Kampf gegen ein sehr reales Problem.

Was hat sich also bewährt?

Nachdem wir in diesem und dem vorangehenden Kapitel viele der zum Kampf gegen Korruption verfügbaren Methoden behandelt haben, können wir uns nun der in vielerlei Hinsicht wichtigsten Frage zuwenden: Welche Methoden sind die wirksamsten? Leider hat jede der dargestellten Methoden ihre Nachteile; Beschränkungen des Umfangs erfordern daher, bei deren Analyse eine Auswahl zu treffen, und wir werden uns hier auf die Wirksamkeit internationaler Bestrebungen konzentrieren, da einige innerstaatliche Ansätze bereits im vorigen Kapitel beurteilt wurden. Haben die zahlreichen Konventionen und sonstigen Initiativen irgendwelche merkbaren Wirkungen gezeigt, oder sind sie in der Praxis nur wenig mehr als Rhetorik?

Trotz verschiedener zielgerichteter Programme der EU und des Europarats bleibt Korruption in den meisten post-kommunistischen Staaten ein gravierendes Problem. Darüber hinaus verdeutlichte der im Jahr 2014 erstmalig veröffentlichte Bericht über das *System der Integrität der Europäischen Union*, dass die Institutionen der EU wegen Gesetzeslücken und schlechter Umsetzung ethischer Grundsätze weiterhin für Korruption anfällig bleiben.

Einem offiziellen Bericht aus dem Jahr 2013 über die Umsetzung der OECD-Konvention gegen Bestechlichkeit zufolge »untersuchen oder verfolgen 30 der 40 Unterzeichner der Konvention ausländische Bestechungen kaum, in Anbetracht des großen Wertes ihrer Exporte«, was ein deprimierendes Ergebnis ist. Japan hat zwar die Konvention ratifiziert, wurde aber bei manchen Gelegenheiten kritisiert, in der Praxis viel zu wenig zu unternehmen. Und während das Vereinigte Königreich seit seiner Gesetzgebung aus dem Jahr 2010 nunmehr für seine besonders strenge Haltung gegen Bestechlichkeit in der Wirtschaft gelobt wird, wurde es zuvor kritisiert, weil es hinsichtlich der Umsetzung der OECD-Konvention sehr wenig unternommen hatte.

Zusätzlich besteht eine reale Gefahr, rückfällig zu werden. Die USA und Deutschland erwiesen sich im ersten Jahrzehnt nach der Einführung der OECD-Konvention als besonders brave Bürger (und bis zum Jahr 2013 gesellten sich Großbritannien und die Schweiz zu ihnen), insofern sie ihre auf der Konvention beruhenden Gesetze zur Verfolgung einer relativ großen Zahl von Unternehmen anwendeten. Wie Transparency International jedoch immer wieder in seinen jährlichen Begutachtungen zur Umsetzung der OECD-Konvention hervorhebt, fragen sich die »Anständigen« wie die USA und Deutschland – wenn sie sehen, dass andere Länder sehr wenig unternehmen, um ihre Konventionsverpflichtungen einzuhalten, und trotzdem ungeschoren davonkommen – früher oder später sicherlich, ob es fair ist, wenn sie ihre eigenen Unternehmen bestrafen und damit die Geschäfte an Unternehmen aus Staaten weiterreichen, die im Wesentlichen nur Lippenbekenntnisse zu der Konvention ablegen. Wenn die Antwort negativ ausfällt, werden sie vielleicht nicht länger vorbildliche Bürger sein.

Im Fall von UNCAC läuft das Beobachtungsverfahren erst seit kurzer Zeit, beginnend mit einem fünfjährigen »ersten Überprüfungszyklus« im Jahr 2010; da dieser nicht vor 2015 beendet sein wird, ist es verfrüht, ihren Erfolg zu eruieren. Wenn man jedoch bedenkt, dass UNCAC im Jahr 2005 in Kraft getreten ist, muss man sich allerdings schon fragen, warum es so lange dauert, um seine Schlagkraft zu evaluieren. Außerdem haben einige der führenden Handelsnationen der Welt – insbesondere Deutschland und Japan – UNCAC noch nicht einmal ratifiziert. Und wie wirkungsvoll ist UNCAC überhaupt? Theoretisch können jene Staaten, welche die Konvention tatsächlich ratifiziert haben, wegen Nicht-Einhaltung vor Gericht (den Internationalen Gerichtshof der UNO, IGH) gebracht werden; praktisch hat der IGH im Wesentlichen keine Vollstreckungsbefugnisse.

Wenden wir uns den beträchtlichen Anstrengungen der Weltbank zu – es wurde bereits gezeigt, wie ihre Nachverfolgungserhebungen Korruption beträchtlich reduzieren können. Der Hauptkritikpunkt, dem sie sich in der Vergangenheit ausgesetzt sah, war, dass ihre strikte Politik, jene Projekte zu streichen, bei denen sie erhebliche Korruption aufgedeckt hat, diejenigen am härtesten trifft, welche die Unterstützung am dringendsten benötigen. Ein weiteres Problem ist, dass ihre schwarze Liste hauptsächlich Individuen und kleine Unternehmen betrifft; es erweckt den Anschein, dass mächtige transnationale Unternehmen häufig bei Fehlverhalten ungestraft davonkommen, während diese Möglichkeit kleinen Unternehmen und Individuen mit relativ wenig Einfluss nicht offensteht. Auch eine interne Untersuchung der Anti-Korruptions-Anstrengungen der Weltbank erbrachte gemischte Ergebnisse. Obwohl es in vielen Ländern einigen Erfolg bei der Stärkung von Anti-Korruptions-Behörden gegeben hat, stellte der Bericht fest, dass die Bank bei weitem hinter ihre eigenen Anti-Korruptions-Ziele zurückfiel.

Bedeuten all diese enttäuschenden Fakten, dass der Kampf gegen Korruption seit den 1990er Jahren im Wesentlichen eine Verschwendung von Mühe und Zeit war? Es gibt in der wissenschaftlichen Beschäftigung mit Korruption sicherlich ein paar »große Namen«, die nahe daran sind, so zu argumentieren. So kam im Jahr 2005 Daniel Kaufmann, der Mann, der einmal für die Korruptions- und Governance-Analysen der Weltbank verantwortlich war, zu dem Schluss, dass die globalen Anti-Korruptions-Anstrengungen in den letzten zehn Jahren nur wenig Ergebnisse vorzuweisen hatten; und im Jahr 2009 bezeichnete er die im Kampf gegen Korruption gemachten Anstrengungen als »lauwarm«. Bei der Vorstellung des CPI für 2013 wies die Vorsitzende von Transparency International, Huguette Labelle, darauf hin, dass »der Korruptionsindex 2013 zeigt, dass alle Länder noch immer der Gefahr der Korruption auf allen Regierungsniveaus ausgesetzt sind, von der Vergabe lokaler Genehmigungen bis zur Durchsetzung von Gesetzen und Vorschriften«; gemäß diesem CPI erzielten nahezu 70 Prozent aller Länder weniger als 50 Punkte (auf einer Skala von 0 bis 100), was auf hohe Korruption in diesen Ländern hinweist.

Trotz dieser deprimierenden Ergebnisse und der Kritiken gibt es zumindest einige ermutigende Anzeichen. Michael Johnston zeigte in einem Buch aus dem Jahr 2014 auf:

> »Dass sie – wir – noch immer nach Möglichkeiten suchen, Korruption in unterschiedlichen Gesellschaften zu kontrollieren, bedeutet nicht, dass die Bewegung versagt hat: Schließlich wurde vor einer Generation Korruption nicht einmal umfassend diskutiert ... Allein das heutzutage gestiegene Bewusstsein ist für sich selbst genommen ein großer Erfolg.«

Obwohl in der Behauptung auf der Website von U4, dass »Hinweise darauf, was sich bei Anti-Korruptions-Maßnahmen bewährt hat und warum, spärlich sind«, manch unbestrittene Wahrheit enthalten ist, hat eine vergleichende Analyse zumindest ein paar Richtlinien ergeben, die überall eingehalten werden sollten, wenn man Fortschritte gegen Korruption erzielen will. Eine der offensichtlichsten Lehren ist, dass die Frage, ob »viele Hände der Arbeit bald ein Ende machen« oder ob »viele Köche den Brei verderben«, eindeutig beantwortet werden kann; wie Jon Quah gezeigt hat, sind die Erfolge in Singapur und Hongkong beim Kampf gegen Korruption in nicht geringem Ausmaß darauf zurückzuführen, dass beide eigenständige, mächtige und unabhängige Anti-Korruptions-Behörden haben. Wo es mehrere Institutionen gibt, bestehen meist überlappende und widersprüchliche Verantwortlichkeiten, aus denen Probleme der Koordination und wechselseitige Schuldzuweisungen resultieren; typischerweise gibt es auch große Ineffizienzen und Ressourcenverschwendung.

Viele Forscher behaupten, dass letztlich der Erfolg oder Misserfolg von Anti-Korruptions-Maßnahmen vom politischen Willen abhängt. Diese Feststellung ist so weit ganz überzeugend, aber sie muss näher betrachtet und erweitert werden. *Von wessen* Willen sprechen wir zum Beispiel? Viele Kulturen und Sprachen kennen die Redewendung »Der Fisch beginnt am Kopf zu stinken«, was bedeutet, dass Korruption dort umso schlimmer sein wird, wo die politische Elite mit schlechtem Beispiel vorangeht. In diesem Sinne könnte es den Anschein haben, dass der Wille der Herrschenden die größte Bedeutung hat. Wiewohl das wichtig ist, ist es nicht der einzige Wille, der von Belang ist. Eine Führungsschicht mag wirklich dem Kampf gegen Korruption verpflichtet sein, aber dennoch unzureichende Kontrolle über ihre eigene Bürokratie haben, um diese Verpflichtung in die Realität umsetzen zu können. Außerdem sind in einer neoliberalen, globalisierten Welt den politischen Führern bei der Kontrolle transnationaler Unternehmen Grenzen gesetzt.

Wir können daher die Feststellung in Bezug auf den politischen Willen etwas präzisieren. Die politische Führungsschicht muss nicht nur ehrlich engagiert sein – d. h. den politischen Willen haben, Korruption zu bekämpfen –, sondern muss auch die *Fähigkeit* haben, ihren Willen durchzusetzen. Zusätzlich müssen auch noch die zahlreichen beteiligten Gruppen – Staatsbeamte, der Wirtschaftssektor, Internationale Organisationen, Zivilgesellschaft und einzelne Mitglieder der Öffentlichkeit – ebenfalls den Willen zur Bekämpfung von Korruption haben. Das relative Gewicht der Rolle, die von jedem dieser Akteure gespielt wird, variiert, und zwar auch von Land zu Land. Dennoch spielt jeder eine wichtige Rolle.

In Kapitel 6 wurde betont, dass Korruption ein verzwicktes Problem ist. Sie wird nie vollständig verschwinden: So hat Tacitus bereits vor zwei Jahrtausenden festgestellt, dass die Unehrlichen, sobald die Gesetzgeber neue Gesetze zur Bekämpfung von Betrug und Korruption erlassen haben, Möglichkeiten zu ihrer Umgehung entwickeln werden. Korruption scheint jedoch in manchen Ländern ein viel geringeres Problem zu sein als in anderen: So haben zum Beispiel kleine wohlhabende Staaten mit einer robusten Demokratie, einer starken Bindung an die Rechtsstaatlichkeit, einem hohen Vertrauensniveau und einer gut entwickelten Zivilgesellschaft offensichtlich weniger Korruption, was beweist, dass sie auf ein handhabbares Niveau reduziert werden kann.

Dennoch sind die kurzfristigen Aussichten nicht rosig. Rechtsstaatlichkeit und eine lebendige Zivilgesellschaft sind beide mit gut funktionierenden Demokratien verbunden. Zwar wies der *Rechtsstaatlichkeitsindex* des Weltjustizprojekts (*World Justice Project's Rule of Law Index*) für das Jahr 2014 darauf hin, dass sich die Korruptionssituation gegenüber dem Vorjahr leicht verbessert hatte. Doch erschien der *Democracy Index* der Intelligence Unit des *Economist* (erscheint seit 2007 fast jährlich), der derzeit als die wohl maßgeblichste Orientierungshilfe für das Ausmaß an Demokratie weltweit gilt, 2011 bzw. 2012 mit dem Untertitel »Demokratie unter Stress« bzw. »Demokratie im Stillstand«. Außerdem verheißt die Tatsache nichts Gutes, dass die im Wesentlichen amoralische neoliberale Ideologie mit ihrer Betonung der Ziele gegenüber den Mitteln und der Unschärfe zwischen Staat und Markt weiterhin die Weltwirtschaft dominiert – trotz der Hoffnungen von Wissenschaftlern wie Colin Crouch, dass die globale Finanzkrise dies ändern würde. Vor uns liegt noch immer ein weiter Weg im Kampf gegen Korruption.

Literatur

Allgemeines

Fast das gesamte Dokumentenmaterial von Internationalen Organisationen und Nichtregierungsorganisationen, auf das in diesem Buch Bezug genommen wurde, ist im Internet frei zugänglich, im Folgenden werden daher lediglich Quellen erfasst, die ohne vollständige Angaben über die Publikation nur schwer zu finden wären, sowie Quellen, die im Text nicht angeführt sind und für den Neuling besonders brauchbar sein könnten. Eine ausgezeichnete allgemeine Einführung zu Korruption ist C. Fletcher und D. Herrmann, *The Internationalisation of Corruption* (Gower 2012), ein älteres Standardwerk ist A. Heidenheimer und M Johnston (Hrsg.), *Political Corruption*, 3. Aufl. (Transaction 2001). Leser, die vor allem an den ökonomischen Aspekten von Korruption interessiert sind, sollten zu den beiden Sammelbänden *International Handbook on the Economics of Corruption* (Elgar, vol. 1, 2006, vol. 2, 2011), herausgegeben von Susan Rose-Ackerman (Band 2 gemeinsam mit Tina Søreide), greifen. Eine ältere, aber immer noch unschätzbare Quelle, die sowohl theoretische Ansätze als auch die Situation in vielen Ländern der Welt abdeckt, ist die aus vier Bänden bestehende von R. Williams und anderen herausgegebene Sammlung von Aufsätzen: *Corruption in the Developing World* (mit R. Theobold), *Corruption in the Developed World* (mit J. Moran und R. Flanary), *Controlling Corruption* (mit A. Doig) und (ohne Mitherausgeber) *Explaining Corruption* (alle vier Bände erschienen bei Elgar 2000). Für weitreichende Analysen über Regionen und Kontinente siehe C. Blake und S. Morris (Hrsg.), *Corruption and Democracy in Latin America* (University of Pittsburgh Press 2009); D. Della Porta und Y. Mény (Hrsg.), *Democracy and Corruption in Europe* (Pinter 1997); J. Hatchard, *Combating Corruption* (Elgar 2014; über Afrika); L. Holmes, *Rotten States?*

(Duke University Press 2006; über post-kommunistische Übergangsstaaten); T. Lindsey und H. Dick (Hrsg.), *Corruption in Asia* (Federation Press 2002); Ting Gong und S. Ma (Hrsg.), *Preventing Corruption in Asia* (Routledge 2009); C. Warner, *The Best System Money Can Buy* (Cornell University Press 2007, über die Europäische Union); es gibt zahlreiche komparative Sammelbände über den Nahen Osten, ein guter Anfang ist H. Askari, S. Rehman und N. Arfaa, *Corruption and its Manifestation in the Persian Gulf* (Elgar 2010). Für eine Sammlung aus jüngster Zeit, die – *unter anderem* – Korruption in verschiedenen Sektoren und Branchen fokussiert, siehe A. Graycar und R. Smith (Hrsg.), *Handbook of Global Research and Practice in Corruption* (Elgar 2011). Die herausragende und brauchbarste Zeitschrift über Korruption ist *Crime, Law and Social Change*, während die Website von Transparency International von unschätzbarem Wert ist.

1 Was versteht man unter Korruption?

Die zwei besten Einführungen zu Fragen der Definition von Korruption sind M. Philp in *Political Studies*, 45(3) (1997), S. 436–462, und K. Sass Mikkelsen in *Crime, Law and Social Change*, 60(4) (2013), S. 357–374. Zur Rolle der Korruption beim Zusammenbruch des Römischen Reichs siehe R. MacMullen, *Corruption and the Decline of Rome* (Yale University Press 1990), zu römischen, altgriechischen und anderen Interpretationen von Korruption bis in das späte 18. Jahrhundert siehe B. Buchan und L. Hill, *An Intellectual History of Political Corruption* (Palgrave Macmillan 2014). Die beste Analyse von *blat* ist A. Ledenevas *Russia's Economy of Favours* (Cambridge University Press 1998); zu *guanxi* siehe T. Gold, D. Guthrie und D. Wank (Hrsg.), *Social Connections in China* (Cambridge University Press 2002). Arnold Heidenheimers dreifache Unterscheidungen finden sich in

A. Heidenheimer (Hrsg.), *Political Corruption* (Holt, Rinehart und Winston 1970), S. 3–28. Die Definitionen der Weltbank von »Staatskauf« und »administrativer Korruption« stammen von J. Hellman, G. Jones und D. Kaufmann, *World Bank Policy Research Working Papers*, Nr. 2444 (2000), während Rasma Karklins' Typologie in ihrem Buch *The State Made Me Do It* (M. E. Sharpe 2005) enthalten ist. Für eine Standardanalyse der Geschichte der Bestechlichkeit siehe J. Noonan, *Bribes* (University of California Press, 1987).

2 Warum Korruption ein Problem ist

Viele der in diesem Kapitel skizzierten Auswirkungen von Korruption werden bei S. Rose-Ackerman, *Corruption and Government* (Cambridge University Press 1999) im Einzelnen analysiert. Das zitierte IMF Working Paper aus dem Jahr 1998 über Korruption und Ungleichheit ist S. Gupta, H. Davoodi und R. Alonso-Terme, »Does Corruption Affect Income Inequality and Poverty?«; eine aktualisierte Version findet sich in *Economics of Governance*, 3(1) (2001), S. 23–45. Eine ausführlichere Analyse der Zusammenhänge von Korruption und Ungleichheit (sowie Vertrauen) ist Eric Uslaners *Corruption, Inequality and the Rule of Law* (Cambridge University Press 2008). Der Aufsatz von Osita Agbu ist im *West Africa Review*, 4(1) (2003), S. 1–13 erschienen; weitere Analysen zur Rolle der Korruption im Menschenhandel leisteten S. Zhang und S. Pineda in D. Siegel und H. Nelen (Hrsg.), *Organized Crime: Culture, Markets and Policies* (Springer 2008), S. 41–55; und K. Skrivankova, G. Dell, E. Larson, M. Adomeit und S. Albert, *The Role of Corruption in Trafficking in Persons* (UNODC 2011). Eine hilfreiche Einführung zur Korruption im »legitimen« Waffenhandel ist A. Feinstein, *Shadow World* (Penguin 2012). Wer sich für das Fehlverhalten der Wirtschaft in den USA interessiert, kann mit M. Clinard und P. Yeager, *Corporate Crime* (Free Press 1980; rev. Aufl. 2005) oder dem aktuelleren Buch von A. Huffington, *Pigs at the Trough* (Three Rivers 2009) beginnen; für eine umfassendere Darstellung siehe H. Pontell und G. Geis (Hrsg.), *International Handbook of White-Collar and Corporate Crime* (Springer 2010). Die Beziehung zwischen Korruption und ökonomischen Krisen analysierte L. Holmes in R. Pettman (Hrsg.), *A Handbook of International Political Economy* (World Scientific Publishing 2012), S. 211–228. Zum Zusammenhang zwischen dem Einsturz von Gebäuden und Korruption siehe N. Ambraseys und R. Bilham in *Nature* 469 (7329) (2011), S. 153–155. Zum Thema Korruption und Umwelt sind zwei nützliche Quellen *Corruption, Environment and the United Nations Convention Against Corruption* (UNODC 2012) und L. Pellegrini, *Corruption, Development and the Environment* (Springer 2011). Paolo Mauros Aufsatz findet sich im *Quarterly Journal of Economics*, 110(3) (1995), S. 681–712, jener von S.-J. Wei im *Review of Economics and Statistics*, 82(1) (2000), S. 1–11. Weis Ansatz wurde von Barry Hindess in L. de Sousa, P. Larmour und B. Hindess (Hrsg.), *Governments, NGOs and Anti-Corruption* (Routledge 2009), S. 19–32 infrage gestellt. Leser, die sich für Korruption im Zusammenhang mit Parteienfinanzierung (hauptsächlich in etablierten Demokratien) interessieren, sollten in I. McMenamins *If Money Talks, What Does It Say?* (Oxford University Press 2013) nachlesen. Der Hinweis auf Frank Vogl stammt aus seinem Buch *Waging War on Corruption* (Rowman and Littlefield 2012). Zur Korruption (im weiten Sinn) im Fußball siehe D. Hill, *The Insider's Guide to Match-Fixing in Football* (Anne McDermid 2013). Hinsichtlich der im Text erwähnten revisionistischen Quellen der 1960er Jahre siehe die Einträge von Lef, Nye, Huntington und Leys in Heidenheimer und Johnston 2001 (bereits angeführt). Ivan Krastevs Argument erschien im *East European Constitutional Review*, 7(3) (1998), S. 56–58, jene von Manzetti und Wilson in den *Comparative Political Studies*,

40(8) (2007), S. 949–970. Klitgaards Ansatz findet sich in seinem Buch *Controlling Corruption*, 2. Aufl. (University of California Press 1991; 1. Aufl. 1988).

3 Können wir Korruption messen?

Zwei umfassende Analysen der Methoden zur Messung der Korruption sind C. Sampford, A. Shacklock, C. Connors und F. Galtung (Hrsg.), *Measuring Corruption* (Ashgate 2006), und R. June, A. Chowdhury, N. Heller und J. Werve, *A User's Guide to Measuring Corruption* (UNDP 2008). Moisés Naíms Aufsatz ist im *Brown Journal of World Affairs*, 2(2) (1995), S. 245–261 erschienen. Zu PETS in Uganda und Tansania siehe G. Sundet in *U4 Issue*, 8 (2008), die Methodologie der Nachverfolgungserhebungen wird in R. Reinikka und J. Svensson, *World Bank Policy Research Working Paper*, 3071 (2003) erklärt. Zu den jüngsten Entwicklungen der Proxy-Methode und ihrer Befürwortung siehe J. Johnson und P. Mason, *U4 Brief*, 2 (2013). Eine wertvolle Studie über Experimente zur Messung und Klassifikation von Korruption ist D. Serra und L Wantchekon, *New Advances in Experimental Research on Corruption* (Emerald 2012), ein äußerst innovatives Experiment mit explizitem Bezug zur Geldwäsche ist M. Findley, D. Nielson und J. Sharman, *Global Shell Games* (Cambridge University Press 2014).

4 Psychosoziale und kulturelle Erklärungen

Die klassische Analyse der Strukturationstheorie stammt von A. Giddens, *The Constitution of Society* (Polity 1984). Die Verlierer-Mentalität (»sucker mentality«) wird bei J. Finckenauer und E. Waring, *Russian Mafia in America* (Northeastern University Press 1998) diskutiert, die ursprüngliche Version der Theorie der Gelegenheit (Opportunitätstheorie) ist in R. Cloward und L. Ohlin, *Delinquency and Opportunity*, 2. Aufl. (Free Press 1963) enthalten. Die beste Analyse zur Theorie der rationalen Entscheidungen ist noch immer D. Green und I. Shapiros *Pathologies of Rational Choice Theory* (Yale University Press 1994). Für die ursprüngliche Version der Etikettierungstheorie siehe H. Becker, *Outsiders*, aktualisierte Aufl. (Free Press 1973), die damit eng verbundene Theorie der Beschämung oder Anprangerung findet sich bei J. Braithwaite, *Crime, Shame and Reintegration* (Cambridge University Press 1989). Die hier skizzierte Originalversion der Kontrolltheorie findet sich bei T. Hirschi, *Causes of Delinquency* (University of California Press 1969); die spätere Allgemeine Theorie der Kriminalität stammt von M. Gottfredson und T. Hirschi, *A General Theory of Crime* (Stanford University Press 1990). Eine knappe Übersicht geschichtlicher und anderer kultureller Erklärungen von Korruption gibt es bei R. Goel und M. Nelson, *BOFIT Discussion Papers*, Nr. 6 (Bank of Finland Institute of Economies in Transition 2008). Für statistisch basierte Analysen der schwachen Beziehung zwischen Religion und Korruption vergleiche D. Treisman im *Journal of Public Economics*, 76(3) (2000), S. 399–457, und R. LaPorta, F. Lopez-de-Silanes, A. Shleifer und R. Vishny im *Journal of Law, Economics and Organization*, 15(1) (1999), S. 222–279. Die von Gardner zitierte Arbeit findet sich in *Economic History of Developing Regions*, 25(2) (2010), 213–236, eine weitere Analyse der Beziehung zwischen dem kolonialen Erbe und Korruption findet man in dem oben angeführten Aufsatz von Treisman. Zur Auswirkung von Rechtskulturen auf Korruption siehe S. Rose-Ackerman in D. Rodriguez und L. Ehrlichs (Hrsg.), *Global Corruption Report 2007* (Cambridge University Press 2007), S. 15–24. Das Ledeneva-Zitat stammt aus ihrem bereits angeführten Buch aus dem Jahr 1998. Der Aufsatz von Fisman und Miguel wurde im *Journal of Political Economy*, 115(6) (2007), S. 1020–1048 veröffentlicht. Sajós Argument ist im *East European Con-*

stitutional Review, 7(2) (1998), S. 37–46, zu finden, ein gutes Beispiel für die Unterscheidung »Unterwelt«/»Oberschicht« in Vincenzo Ruggieros *Organized and Corporate Crime in Europe* (Dartmouth 1996). Zu den Arbeiten über Korruption von Syed Hussein Alatas gehören *Corruption* (Avebury 1990) und *Corruption and the Destiny of Asia* (Prentice-Hall 1999). Eine Standardkritik des kulturellen Ansatzes zur Erklärung von gewissenlosem Verhalten ist J. Ferrell, K. Hayward und J. Young, *Cultural Criminology* (Sage 1998).

5 Systembezogene Erklärungen

Die in diesem Kapitel angeführten Argumente und Datenquellen hinsichtlich der Beziehung zwischen der Rolle des Staates an der Wirtschaft und Korruption stammen von V. Tanzi in *Finance & Development*, 32(4) (1995), S. 24–26; J. Gerring und S. Thacker in *International Organization*, 59(1) (2005), S. 233–254; K. Schwab, *The Global Competitiveness Report 2012–2013* (World Economic Forum 2012); D. Hall in *Development in Practice*, 9(5) (1999), S. 539–556; K. Ohmae, *The Borderless World*, rev. Aufl. (Harper Business 1999); R. Klitgaard, *Controlling Corruption* (oben zitiert) und für die formelmäßige Version *Finance and Development*, 35(1) (1998), S. 3–6. Der Fall der indischen Steuereintreiber wird in D. Mookherjee und I. Png, *Economic Journal*, 105(428) (1995), S. 145–159 angeführt. Zur Widerlegung der Auffassung, dass ein größerer Regierungsapparat notwendigerweise mehr Korruption bedeutet, siehe R. LaPorta, F. Lopez-de-Silanes, A. Shleifer und R. Vishny im *Journal of Law, Economics and Organization*, 15(1) (1999), S. 222–279, die Zusammenhänge zwischen Korruption und Outsourcing werden bei J. O'Looney, *Outsourcing State and Local Government Services* (Quorum 1998) erwogen. Zur Beziehung zwischen Globalisierung und Korruption, mit besonderem Bezug zur Geldwäsche, siehe L. Cockcroft, *Global Corruption: Money, Power and Ethics in the Modern World* (Tauris 2012). Zum Zusammenhang zwischen dem BIP pro Kopf und Korruption siehe You Jong-sung und Sanjeev Khagram im *American Sociological Review*, 70(1) (2005), S. 136–157. Die Beziehungen zwischen Korruption und Außenhandel werden von P. Dutt im *Canadian Journal of Economics*, 42(1) (2009), S. 155–183, behandelt. Der zur Größe des Regierungsapparats angeführte Literaturhinweis ist G. Kotera, K. Okada und Sovannroeun Samreth, *Economic Modelling*, 29(6) (2012), S. 2340–2348. Hellman und Kaufmanns Standpunkt findet sich in *Finance and Development*, 38(3) (2001), S. 1–8; alternative Auffassungen findet man in Rose-Ackermans Buch aus dem Jahr 1999 (oben angeführt) und D. Bowser in D. Lovell (Hrsg.), *The Transition* (Ashgate 2002), S. 80–95. Eine nicht intuitive, aber interessante Analyse zur Beziehung zwischen dem gegenwärtigen Ausmaß an Korruption und dem Bildungsniveau im Jahr 1870 ist E. Uslaner und B. Rothstein, *Quality of Government Working Paper* Nr. 2012/5 (Göteborg 2012). Die erwähnten Aufsätze über den Zusammenhang von Gender und Korruption sind D. Dollar, R. Fisman und R. Gatti im *Journal of Economic Behavior & Organization*, 46(4) (2001), S. 423–429; und H.-E. Sung in *Crime, Law and Social Change*, 58(3) (2012), S. 195–219. Das Treisman-Zitat stammt aus dem *Annual Review of Political Science*, 10 (2007), S. 211–244.

6 Was können Staaten unternehmen?

Als einen maßgeblichen, wenn auch etwas veralteten Sammelband siehe R. Williams und A. Doig (Hrsg.), *Controlling Corruption* (Elgar 2000), während die sogar ältere Monographie *Controlling Corruption* von R. Klitgaard (oben zitiert) weiterhin als Standardwerk gilt.

Über Singapur und Hongkong (sowie andere Staaten mit geringem Ausmaß an Korruption) siehe J. Quah (Hrsg.), *Different Paths to Curbing Corruption* (Emerald 2013). Zum Fall der Philippinen siehe W. Cragg und W. Woof in W. Cragg (Hrsg.), *Ethics Codes, Corporations and the Challenge of Globalization* (Elgar 2005), S. 1–43; wer sich dafür interessiert, wie skrupellose Unternehmen besser überwacht werden könnten, sollte mit S. Simpson, *Corporate Crime, Law, and Social Control* (Cambridge University Press 2002) beginnen. Die Auffassung, dass höhere Gehälter zu weniger Korruption führen, wird im bereits angeführten Aufsatz von LaPorta [u. a.] hinterfragt. Das deutsche Rotationsexperiment wird von K. Abbink, *European Journal of Political Economy*, 20(4) (2004), S. 887–906, analysiert, die in Indien durchgeführte Forschung wird von F. de Zwart in H. Bakker und N. Schulte Nordholt (Hrsg.), *Corruption and Legitimacy* (SISWO 1996), S. 53–64, beschrieben. Olkens Experiment in Indonesien ist im *Journal of Political Economy*, 117(2) (2007), S. 200–249, zusammengefasst. Zu Anti-Korruptions-Kampagnen, vor allem in Entwicklungs- und Schwellenländern, siehe S. Bracking (Hrsg.), *Corruption and Development* (Palgrave Macmillan 2007), obwohl dieser Beitrag häufig eine breiter gefassten Herangehensweise zu »Kampagne« wählt als die hier gewählte.

Zum Argument, dass ein paritätischer Ausgleich von männlichen und weiblichen Polizisten eine optimale Disposition bildet, siehe R. Mukherjee und O. Gokcekus in R. Hodess, T. Inowlocki, D. Rodriguez und T. Wolfe (Hrsg.), *Global Corruption Report 2004* (Pluto 2004), S. 337–339, die Behauptung, dass mehr Frauen in der Politik Korruption verringern, findet sich in der bereits angeführten Arbeit von D. Dollar et al. (2001) und in A. Mason und E. King, *Engendering Development through Gender Equality in Rights, Resources, and Voice* (Weltbank 2001). Sungs Hinterfragung dieses Arguments ist in seinem bereits angeführten Aufsatz aus dem Jahr 2012 enthalten. Zu Corsianos' Argument siehe *The Complexities of Police Corruption* (Rowman and Littlefield 2012). Zu den georgischen Anti-Korruptions-Bemühungen siehe A. Alam und V. R. Southworth (mit anderen), *Fighting Corruption in Public Services: Chronicling Georgia's Reforms* (Weltbank 2012). Das peruanische Polizeiexperiment und die damit gemachten Erfahrungen werden von S. Karim, *Americas Quarterly*, 5(3) (2011), S. 42–46, analysiert, während das »Mimik«-Experiment in Bogotá von R. Fisman und E. Miguel, *Economic Gangsters* (Princeton University Press 2010), beschrieben wird.

7 Was kann sonst noch getan werden?

Zu der in diesem Kapitel behandelten Rolle internationaler Akteure siehe S. Rose-Ackerman und P. Carrington (Hrsg.), *Anti-Corruption Policy* (Carolina Academic Press 2013). Einen hilfreichen Überblick über viele der in Kapitel 6 und 7 behandelten Themen bieten F. Vogls Buch aus dem Jahr 2012 (oben angeführt) und N. Kochan und R. Goodyear, *Corruption* (Palgrave Macmillan 2011). Der kritische Aufsatz von Peter Eigen ist in *TI Q* (September 2003: S. 1) erschienen, die erwähnten optimistischeren Positionen sind P. Ala'I im *Loyola University Chicago International Law Review*, 6(1) (2008/9), S. 259–278, und P. M. Nichols im *New York University Journal of International Law and Politics*, 28(4) (1996), S. 711–784. Zu den Anti-Korruptions-Anstrengungen der Weltbank bis zum Jahr 2008 siehe Independent Evaluation Group, *Public Sector Reform: What Works and Why?* (Weltbank 2008), S. 58–65. Eine wertvolle Untersuchung darüber, wie Geberländer und Internationale Organisationen eine bessere Rolle bei der Unterstützung inländischer Anti-Korruptions-Behörden in Entwicklungsländern spielen könnten, ist der Text von A. Doig, D. Watt und R. Williams im *U4 Report*, Mai 2005 (online). Tiffens Analyse über die Rolle der Medien ist in *Scandals, Media and Corruption in Contemporary Australia*

(University of New South Wales Press 1999) enthalten; Vogls Buch dazu wurde bereits oben ausführlich vorgestellt. Kritische Analysen zur »Anti-Korruptions-Industrie« finden sich bei D. Kennedy im *Connecticut Journal of International Law*, 14(2) (1999), S. 455–465; bei B. Michael und D. Bowser, *The Evolution of the Anti-Corruption Industry in the Third Wave of Anti-Corruption Work* (bepress 2009); bei L. de Sousa, P. Larmour und B. Hindess (2009, oben zitiert); und bei S. Sampson in *Global Crime*, 11(2) (2010), S. 261–278. Eine interessante Variante dazu ist A. Anechiarico und J. Jacobs, *The Pursuit of Absolute Integrity* (University of Chicago Press 1996). Für eine aktuelle Analyse und Beurteilung der OECD-Konvention siehe M. Pieth, L. Low und N. Bonucci (Hrsg.), *The OECD Convention on Bribery*, 2. Aufl. (Cambridge University Press 2014). Kaufmanns Beurteilung aus dem Jahr 2005 findet man in *Finance and Development*, 42(3), September 2005 (online), während seine Bemerkung über die »lauwarmen« Anstrengungen im *Development Outreach* (Februar 2009), S. 26–29, enthalten ist. Über die Notwendigkeit, die Herangehensweise auf den jeweiligen Zusammenhang maßzuschneidern, siehe J. E. Campos und S. Pradhan (Hrsg.), *The Many Faces of Corruption* (Weltbank 2007); M. Johnston, *Syndromes of Corruption* (Cambridge University Press 2005) und *Corruption, Contention and Reform* (Cambridge University Press 2014); das Zitat im Text stammt aus letzterem. Das Argument, dass der Neoliberalismus durch die Globale Finanzkrise *nicht* ernsthaft infrage gestellt wurde, findet man in Colin Crouchs *The Strange Non-Death of Neoliberalism* (Polity 2011).

Abbildungsverzeichnis

1 B2B: Manche bevorzugen eine weite Definition von Korruption.
Fanatic Studio / Getty Images.

2 In Ägypten stürzt im Jahr 2012 vermutlich als Folge von Korruption ein Gebäude ein, 19 Personen verlieren ihr Leben.
© Adham Khorshed / Demotix / Corbis.

3 Wahlbetrug ist in vielen Ländern noch immer allzu weit verbreitet.
Thomas Nsama / AFP / Getty Images.

4 Korrupte Rechtspraxis ist nichts Neues.
DEA/A. Dagli Orti / Getty Images.

5 Wahrgenommene Korruptionsniveaus im Vergleich zur Kurve des BIP pro Kopf.

6 Ein Kasten für Anti-Korruptions-Vorschläge in Kenia: Kampf gegen Korruption mit einfachen technischen Mitteln.
Linda Whitwam / Dorling Kindersley / Getty Images.

7 Massenproteste gegen Korruption werden in vielen Ländern der Welt immer häufiger.
www.istockphoto.com/Danielrao.

Tabellenverzeichnis

1 Ausgewählte Ergebnisse des Korruptionswahrnehmungsindex 2012.
2 Ausgewählte Erfahrungsergebnisse des Globalen Korruptionsbarometers.
3 Wahrgenommene Korruptionsniveaus im Vergleich zum Ausmaß an staatlichen Vorschriften.
4 Wahrgenommene Korruptionsniveaus im Vergleich zum Gesamtniveau an wirtschaftlicher Wettbewerbsfähigkeit.
5 Wahrgenommene Korruptionsniveaus im Vergleich zum BIP pro Kopf.
6 Wahrgenommene Korruptionsniveaus im Vergleich zum Maß an Demokratie.
7 Wahrgenommene Korruptionsniveaus im Vergleich zur Rechtsstaatlichkeit.
8 Index der Anbieter von Bestechungsgeldern 2011.
9 Wahrgenommene Korruptionsniveaus im Vergleich zur Fragilität eines Staates.
10 Staaten, die ihre Maßnahmen zur Regulierung der Finanzströme, zur internationalen Kooperation und zur Bekämpfung der Geldwäsche am stärksten geheim halten (basierend auf dem FSI 2013; skaliert auf Basis 100).
11 Der FSI 2013 – die zehn schlimmsten Übeltäter.

Register

Abacha, Sani 105
Afghanistan 60
Afrika 49
  Ost- 152
  Süd- 123, 142
Afrikanische Union 42
Ägypten 38, 48, 139
Ala'l, Padideh 146
Alatas, Syed Hussein 93
Alltagskorruption 22, 63, 105, 115
Amnestie 133
Amtsmissbrauch 12, 32, 57
Arabischer Frühling 154
Argentinien 124, 142, 154
Aristoteles 150
Asiatische Entwicklungsbank 148
Asien 16
  Ost- 48
  Südost- 40
Außenhandel und Protektionismus 103
Auslandsinvestitionen 41
Auslieferung 135
Australien 27, 70, 95, 142, 149

B2B (Business-to-Business) 12, 28
Bangladesch 36, 67, 148
Banken 120, 135 f., 147 f.
  Offshore 90, 104
Barbados 84
Bataan (Atomkraftwerk) 124
Becker, Howard 82
Begünstigung 15, 25, 44, 52
Bereicherung 12, 14, 106
Berlusconi, Silvio 46
Beschaffungswesen 129, 146, 152
Beschleunigungsgeld 40, 135
Bestechung(s-) 14, 20–26, 38 f., 51 f., 72, 113, 118 f., 124, 134–138, 142, 149 f., 158
  empfänger 21
  geber 22
  geld 14, 21, 35, 45, 49, 57, 63, 73, 79, 87 f., 96, 103 f., 111 f., 129, 148
  skandal 134
  transaktion 142
Bildung, ethische 130
Blair, Tony 113
Blinder-Alarm-Syndrom 131
Botswana 84, 122 f.
brain drain 43
Braithwaite, John 82
Bribe Payers' Index 111
Burden of Government Index 95
Business Environment and Enterprise Performance Survey 61

Chile 84
China 37, 52, 85, 120, 139
Chirac, Jacques 46, 106
Christlich Demokratische Union 46
Collins, Phil 78 f.
Corrupt Practices Investigation Bureau 122
Corsianos, Marilyn 132
Corruption Perception Index 12 f., 58, 60–65, 76, 84 f., 97 f., 101 f., 104–107, 110 f., 115 f., 160
Crouch, Colin 163
Cunningham, Lord Jack 108

Dänemark 95
Demokratie-Index 106
Deutschland 96, 124, 127, 142, 159
Directorate on Corruption and Economic Crime 122
Dollar, David 115
Donne, John 78
Dutt, Pushan 103
Duvalier, Jean-Claude 105

Eichhörnchen-Syndrom 80, 99
Eigen, Peter 146, 152
Einkommenssteuer 42
Elefantentest 32
Enron 38
Entwicklungsländer 7, 52, 66, 91 f., 103 f., 106, 111 f., 139, 141
Erhebungen 58, 62, 65, 75, 156
- Delphi-Methode 69
- diagnostische 16
- Erfahrungs- 56, 65, 115
- über Nachverfolgung 66, 76, 160
- über Strafverfolgung 56
- über Wahrnehmungen und Einstellungen 56, 58
- über Wahrnehmung und Einstellungen 65, 115
- zur Rückverfolgung öffentlicher Ausgaben 66

Estland 87
Ethik-Richtlinien 149
Etikettierungstheorie 82
Eurobarometer 65
Europa 36, 42, 48, 100
- Mittel- und Ost- 24
- Nordwest- 84, 86

Europäische Bank für Wiederaufbau und Entwicklung 148
Europäische Union 158
Europarat 48, 144, 146, 158
Eurozone, Krise der 42
EU-Staaten 42
Experimente 71, 73
Extremisten 47

Facebook 154
Failed States Index 115
Fallstudien 71
Familialismus 86
Festung Europa 100
FIFA 51
Financial Action Task Force 136, 142
Financial Secrecy Index 136
Finckenauer, James 79
Fisman, Raymond 91, 115
Fokusgruppe 68
Foreign Corrupt Practices Act 124, 134
Fragile States Index 115
Frankreich 46, 53
Freeland 40
Fukuyama, Francis 78

G20 143
Gardner, Leigh 87
Gatti, Roberta 115
Georgien 125, 131, 133
Gerring, John 94
Geschenke 26, 138
Giddens, Anthony 77
Gini-Koeffizient 34
Global Competitiveness Index 95
Global Competitiveness Report 61, 95
Global Corruption Barometer 62

Global Integrity 74, 153
Globalisierung 99
Global Witness 153
good governance 147
Gottfredson, Michael 83
Griechenland 42
Großkorruption 22, 63, 106
Grundsteuern 37
guanxi 17 f.

Haiti 105
Hall, David 99
Halliburton 111
Hegel, Georg Wilhelm Friedrich 78
Heidenheimer, Arnold 20, 54
Hellman, Joel 23, 108
Hewlett-Packard 111
Hirschi, Travis 83
Hongkong 85, 122 f., 161
Honigfalle 82
Hotlines 126
Huntington, Samuel 52

IKEA 149
Imperialismus, kultureller 156
Independent Commission Against Corruption 44, 122
Indien 53, 100, 127, 154
Indonesien 40, 105
Inglehart, Ronald 85
Inhaltsanalyse 70, 76
Instrumentarien 76, 144, 152
Integritätspakte 152
Inter-American Development Bank 148
International Crime Business Survey 65
International Crime Victim Survey 65
Internationale Finanzinstitutionen 147
Internationale Handelskammer 146
Internationale Organisationen 141, 148
Internationaler Gerichtshof 159
Internationaler Währungsfonds 147
Interpol 12, 145
Interviews 70
Irak 102
Iran 11, 43, 136
Islam 49
Israel 139
Italien 38, 46, 53, 124, 136

Janukowitsch, Wiktor 7
Japan 99, 158
Johnston, Michael 161
Jones, Geraint 23
Jong-sung, You 103

Kaimaninseln 136
Kambodscha 16, 95
Kamerun 139
Kanada 95, 149
Kapitalflucht 43
Karim, Sabrina 132
Karklins, Rasma 24
Katholizismus 85
Kaufmann, Daniel 23, 108, 160
Kenia 109, 148, 155
Khagram, Sanjeev 103
Kirgistan 95, 109
Klitgaard, Robert 53, 100
Kohl 46, 106

Kolumbien 133, 142
Kommission
Fitzgerald- 70
Knapp- 21, 70
Mollen- 70
Wood- 70
zur Untersuchung von Korruption 70
Kontrolltheorie 83
Körperschaftssteuer 42
Korrelationen 65, 85, 101, 115, 117
Schein- 85
Korruption 11
administrative 23
aktive 24
Analyse von 106
Anreize 82, 118, 125
asiatische 15, 123
Autorität 31
Bekämpfung von 11, 54, 74, 120, 122 f., 125–129, 138–147, 152–157, 160–163
Bericht über 39, 104
Bevölkerung 31
bürokratische 23
Daten 57
Definitionen 11–13, 19, 23 f., 30, 148
Diktatur 75, 84, 105
elitäre 22, 74, 115, 131
Erforschung von 76
Erklärung von 77
Eruption von 55, 76
»Fleisch-fressende« 21 f., 73
Formel 100, 137
geringfügige 65, 85
geschäftliche 21
gesellschaftliche 20, 43, 55, 86
Gesetzgebung gegen 19
»Gras-fressende« 21, 73
graue 20, 54, 81
im öffentlichen Beschaffungswesen 146
internationale Wirkung 50
Investition 41
Kontrolle der 77
Konventionen gegen 144
Messung von 55, 66, 147
moderne 13, 16
optimales Ausmaß 53
passive 24
pro-aktive 21
räuberische 21
reagierende 21
schwarze 20, 54, 81
Statistik 56
Steueroasen 136
traditionelle 13, 16
und Auslagerung 96
und Demokratie 106
und Gefährdung von Leben 36
und Kultur 11, 15 f., 19, 26, 31, 77, 84, 137, 152
und Lobbying 44
und ökonomische Wirkung 57
und Parteifinanzierung 53
und politischer Wille 139, 162
und Privatisierung 96
und Rechtssystem 48
und Sicherheit 48
und staatliche Funktionalität 52
und Steuern 42, 87
und Umwelt 39
und Ungleichheit 34
und Unsicherheit 35
und Vertrauen 35

weiße 20, 54, 81
westliche 15
Korruptionsbarometer, globales 62
Korruptionsniveau 22 f., 34, 41, 49 f., 56, 61 f., 73, 75, 84–87, 89, 92, 94–110, 113, 115 f., 122, 131 f.
Korruptionssteuer 128
Kotera, Go 105
Krastev, Ivan 52
Kriminalität, Allgemeine Theorie der 83
Kroatien 139

Labelle, Huguette 160
Labour-Partei 108
Ledeneva, Alena 89
Leff, Nathaniel 52
Legitimität 51, 86, 134, 151, 155
Lenin, Wladimir I. 90
Lettland 142
Leys, Colin 52
Libyen 95
Litauen 66
Lobbying 45, 108
Luxemburg 63, 66

Macht, sanfte 139
Magnizkij, Sergej 50
Manzetti, Luigi 52
Marcos, Ferdinand 105
Massenunruhen 7, 47 f.
Mauro, Paolo 40
Medien 28, 39, 70 f., 74, 82, 123, 150 f.
soziale 150
Menschenhandel 36
Mercer, Patrick 108
Methodenmix 75
Miguel, Edward 91
Mobuto Sese Seko 105
Mockus, Antanas 133

Nachfolgestaaten 49
Nachhaltigkeit 150
Naím, Moisés 55
Nauru 136
Navalnyi, Alexander 154
Neoliberalismus 14, 99
Nepotismus 13, 43
Netzwerken 17–19
Netzwerk für Gerechte Besteuerung 137
Neuseeland 95
New York 21, 91
Nichols, Philip M. 146
Nichtregierungsorganisationen (NGO) 70, 74, 150, 152 f., 157
Niederlande 41, 142, 146
Nigeria 36, 87, 104, 105
Normen 11, 78, 128
Norwegen 95, 153
Nye, Joseph 52, 139

OECD 134, 141, 158
Offshore-Konten 121
Ohmae, Kenichi 99
Okada, Keisuke 105
Oligarchen 43
Olken, Benjamin 127
Operation, verdeckte 49, 72
Opportunitätstheorie 80
Organisation Amerikanischer Staaten 143
Organisationen, wohltätige 45
Outsourcing 96, 99

Pakistan 87
Panalpina 103
Parken, gesetzwidriges 91
Parmalat 38
Parteienfinanzierung 45 f., 53, 114, 144, 168
Partei, politische 14, 31, 45 f., 90, 106, 120
Pauschalsteuer 42
Peru 131
Pfizer 111
Philippinen 49, 105, 124
Pirelli 124
Polen 53
Politskandal 113
Polizeikorruption 35, 70, 81, 123, 126, 130–133, 145
pork-barreling 44
Portugal 66
Printmedien 150
Privatisierung 25, 96, 99
Protektion 55, 88
Protestanten 85
Proxy-Ansatz 74
Prüfung 121, 128
Publish What You Pay 153
Putin, Wladimir 43

Quah, Jon S. T. 123, 161

Rationale Entscheidung (Theorie) 80, 82
Rechnungsprüfung 55
Rechtskultur 88
Rechtsstaatlichkeit 48, 88, 109, 120, 163
Regime 7, 24, 86, 155
Reintegrative Beschämung (Theorie) 82
rent-seeking 94
Reputationsrisiko 150
Rose-Ackerman, Susan 88
Rule of Law Index 109, 163
Rumänien 41, 139

Saakaschwili, Micheil 131
Sajó, Andrés 91
Samreth, Sovannroeun 105
Saudi Arabien 113
Schengen 41, 100
Schwarzarbeit 67
Schwarze Liste 113, 147, 160
Schweden 105, 120, 136
Schweiz 103, 159
Schwellenländer 7, 33, 42, 46, 48, 91, 103 f., 112, 129, 139
Seilschaften 17 f.
Serbien 114
Singapur 16, 27, 63, 85, 106, 122, 124, 161
Skandale 7, 33, 39, 96, 119
  Geld für Fragen 108
  Kids gegen Bargeld 118
  Kohlgate 45
  Lockheed 134
  Watergate 134
Skandinavien 66
Slowakei 124
Slowenien 139
SNC-Lavalin 149
Spanien 136
Staaten
  ärmere 45, 80, 100
  autoritäre 121
  entwickelte 91, 106, 112, 130, 139

europäische 144
fragile 115
gescheiterte 114
instabile 63
katholische 84
korrupte 106, 125
nordische 75
ost- und mitteleuropäische 50
post-kommunistische 25, 158
post-revolutrionäre 113
protestantische 84
reiche 45, 163
schwache 49
starke 53
westliche 135
Stellenabbau 99
Stellenanpassung 99
Steuerbeamte 100
Steuerbehörden 42
Steuerhinterziehung 42, 51, 101
Steuerprüfer 101
Steuersystem 42, 100
Stimmenkauf 46
Strukturationstheorie 77, 117
sucker mentality 79
Sudan 63
Südkorea 37
Suharto 105
Sung, Hung-En 115

Tacitus 125, 162
Tadschikistan 95
Tageslicht-Test 31
Taiwan 82, 85
Tansania 68
Tanzi, Vito 94
Tax Justice Network 137
Terrorismus 7, 143
Thacker, Strom 94
Thailand 7, 154
Thymos 78
Tiffen, Rodney 151
Todesstrafe 120
Transparency International 12 f., 28, 41, 58–62, 76, 104, 111, 142, 146, 152 f., 159 f., 166
Treisman, Daniel 85, 115
Tschechien 41
Tunesien 48, 145
Türkei 154
Turkmenistan 102
Twitter 154

Übergangsstaaten 24, 96, 106, 108, 111
Überprüfung von Gesetzen 27
UdSSR 87
Uganda 33, 66, 68
Ukraine 7, 49, 109, 154
Unabhängige Kommission gegen Korruption 44, 122
UNCAC 12, 145, 153, 159
Ungarn 126
Unilever 149
United Nations Convention Against Corruption 12
United Nations Office on Drugs and Crime 39
Universalkonzept 140, 152
Unternehmen 44, 95, 103, 111, 128, 150
Unternehmensergebnisse 61
Unternehmenssektor 38, 134, 142, 147
Unterwelt 92

Uruguay 84
USA 113, 118, 124, 134, 139, 141, 154, 159
Uslaner, Eric 86

Venezuela 63, 101
Verkehrspolizei 129, 131
Vermögen 43, 151
  Abschöpfung 34, 90
  Offenlegung 121, 139
  Unterschlagung 24
  Wiederbeschaffung 145
Versicherungsprämien 50
Verzögerung, legislative 114
Vetternwirtschaft 14 f., 43
Vietnam 120
Vogl, Frank 47, 154
Volkswagen 38, 119
Volkswirtschaften 95, 99

Waffengeschäfte 113
Wahlbetrug 46
Wal-Mart 135
Waring, Elin 79
Washington-Konsens 96
Weber, Max 109, 147
Wei, Shang-Jin 41
Weltbank 23, 66 f., 76, 102, 113, 131, 142, 147 f., 152, 159, 173 f.
  Erhebungen 16, 61, 66
Welthandelsorganisation (WTO) 146 f.
Weltwirtschaftsforum 61
Westen 16, 35, 141
Westinghouse 124
whistleblowers 126
Wilson, Carole 52
Wolfensohn, James 142
Wolfsberg-Gruppe 148
Worldcom 38
World Economic Forum 95
World Justice Project 109, 163
World Wildlife Fund 45

Xi, Jinping 52, 139

Zaire 105
Zeugen 126
Zeugenschutz 126
Zivilgesellschaft 39, 141, 162